7 Ways to Improve Your School
Culture, Remove Negativity,
Energize Your Teachers, and
Empower Your Students

THE ENERGY BUS FOR SCHOOLS

如何更好地培养学生

[美]
乔恩·戈登 吉姆·范·艾伦
Jon Gordon Jim Van Allan
著

中国青年出版社

图书在版编目（CIP）数据

如何更好地培养学生 / (美) 乔恩 · 戈登, (美) 吉姆 · 范 · 艾伦著；宋希晔译. -- 北京：中国青年出版社, 2025. 9. -- ISBN 978-7-5153-7825-1

Ⅰ. G424.1

中国国家版本馆CIP数据核字第20254B1R46号

如何更好地培养学生

作　　者：[美] 乔恩 · 戈登　吉姆 · 范 · 艾伦
译　　者：宋希晔
责任编辑：肖妩嫔
文字编辑：侯雯洁
美术编辑：杜雨萃
出　　版：中国青年出版社
发　　行：北京中青文文化传媒有限公司
电　　话：010-65511272 / 65516873
公司网址：www.cyb.com.cn
购书网址：zqwts.tmall.com
印　　刷：大厂回族自治县益利印刷有限公司
版　　次：2025年9月第1版
印　　次：2025年9月第1次印刷
开　　本：787mm × 1092mm　1/16
字　　数：80千字
印　　张：10
京权图字：01-2024-3994
书　　号：ISBN 978-7-5153-7825-1
定　　价：49.90元

目 录

赞 誉

《如何更好地培养学生》是一本充满力量的变革性指南，它拓展了传统教育的边界。书中充满了贴近生活的见解和可行性方案，对于学校、教师和任何致力于产生积极影响的人来说，都是一本改变游戏规则的好书。如果你想提升领导力、启发思维，并创造真正重要的精神财富，那么这本书将是你的必读书。

——杰西卡·霍尔斯曼，畅销书作家、
“跟着杰西卡学”网站创始人

《如何更好地培养学生》为构建和维护积极的学校文化提供了清晰的路线图，它易于遵循，也易于实操。两位作者提出的建议、技巧和实例，将指导教育领导者一步步建立和改善学校文化，从而提高包括教职工、学生和社区在内的所有人的成功概率。

——米歇尔·爱默生，《一流教学》作者

在教育工作者备受考验之际，乔恩·戈登推出完美读物伴侣《如何更好地培养学生》。乔恩·戈登和吉姆·范·艾伦博士分享了来自全美各地学校的一系列激励人心、感人至深的故事，为教育工作者提供了精神支柱，也帮助我们重新构思如何“办学”。

——唐娜·海沃德，美国中学校长协会2023年美国年度校长

吉姆·范·艾伦和乔恩·戈登的《如何更好地培养学生》正是我需要拜读的书，它可以帮助我整理思路，改进方法，克服工作中经常遇到的消极情绪和负面问题。尽管可能会遇到其他困难，但我从这本书中学到的方法，将帮助我建立一种积极的学校文化，推动教职工队伍一起实现共同目标。

——亚当·兰，美国中学校长协会2022年佛罗里达州年度校长

向所有教育工作者致敬！对于寻求创造积极性、凝聚力的学校文化的教育工作者来说，《如何更好地培养学生》是游戏规则的改变者。乔恩和吉姆汇集了来自全美各地学校的实践案例，提炼出真正有效的变革策略。通过真实的故事、实用的策略和基于研究的专业洞见，这本珍贵读物将帮助你为学校社区的发展带来持久积极的影响！

——大卫·阿伦奇比亚，美国年度校长决赛入围者、得克萨斯州年度校长

作者序

成为一名演讲者并能影响世界，一直是我的毕生追求。在我小学四五年级的时候，我参加了学校的4-H[①]公共演讲比赛，我演讲的主题是关于飞机和不明飞行物的，在这次比赛中我获了奖。在中学时，我身着正装进行了一次长达1小时的关于澳大利亚的主题演讲。在高中的时候，我凭借前一天晚上写的演讲词，在所在州和全美的演讲比赛中脱颖而出。虽然在我十几岁的时候，我还没有那么擅长做好准备工作，但我对演讲的热爱，我身边的每个人都有目共睹。我会在各种会议上观察留意主讲人，想知道要怎么做我才能成为那样的人。

17岁时，作为“时间胶囊项目”的一部分，我写下，我要成为一名旅行演说家。这一愿景驱使我在大学里寻找机会，把我对演讲的这份热爱转化为一份事业。

2006年，在我的公共关系实习项目中，我仍然明确表示我想成为

① 即头脑（Head）、心智（Heart）、健康（Health）、实践（Hand）。——译者注

一名演讲者。在那里工作的人刚好在杰克逊维尔看到了一位演讲者，他们告诉我应该联系他。演讲者的名字叫乔恩·戈登（Jon Gordon）。我的学校，佛罗里达大学（加油“鳄鱼”[①]），离杰克逊维尔只有90分钟的车程。

一开始我很犹豫，因为我之前尝试过通过电子邮件联系其他演讲者（当时是在社交媒体出现之前），从未收到任何回复。然而，我坐在我的小公寓里，迅速发出这封电子邮件，这将是我人生中的关键时刻。我写道，我一直渴望成为一名演讲者，并愿意向乔恩学习和请教。我以为我不会收到回复。

我想错了，因为第二天我醒来时，我的收件箱里有一封新邮件，是乔恩·戈登发来的。他说他很乐意帮忙，并给了我他的手机号码。那天我拨通了他的电话，在接下来的两个小时里，我们谈论了生活、演讲和未来的目标。乔恩已经在引导我向以目标为中心、创造影响力的方向发展了，并在通话结束时给了我一个实习机会。挂掉电话后，我便开始在房间里庆祝了起来，因为我的方向突然变得清晰了。

不久之后，乔恩寄给了我一本他即将出版的作品初稿。我看了看文档的标题：《能量巴士》（*The Energy Bus*）。我们在销售和营销方面进行了合作，他让我来安排和组织他在30个城市的《能量巴士》巡回售

① 佛罗里达大学最著名的地方是艾莉斯湖，湖中盛产鳄鱼，所以佛罗里达大学生又被亲切地称为“Gators”（鳄鱼）。——译者注

书活动。一家杂志赞助了活动，该杂志将他开的SUV（小型越野车）用《能量巴士》这本书的主题颜色和标志装扮了一下，他就开着车从一个城市到另一个城市宣传这本书。

21岁时，我不知道自己在做什么（对不起，乔恩，但这是真的！）。我很早就开始学习公共关系，但在我们的业务经理丹尼尔·德克尔的帮助下，我很快学会了如何营销和组织活动的技能。我和乔恩一起参加了中西部巡回售书活动，从休斯顿到奥斯汀，到俄克拉荷马城，再到堪萨斯，然后是内布拉斯加州和爱荷华州，最后回到佛罗里达州。乔恩食物中毒，在堪萨斯州和内布拉斯加州之间生病了，所以我不得不接手开上了那辆SUV。我喜欢自豪地称自己为第一个“能量巴士司机”，因为我在巡回售书活动中确实驾驶了能量巴士。尽管这次旅行有起有落，但《能量巴士》在接下来的几年里引起了不小的轰动。其实，很有可能正是因为你曾经读过《能量巴士》，你现在才会阅读这本书。

自从2006年遇见乔恩以来，我就一直计划写一本书。我们都为自己设定了目标，而这件事在我的行动清单上位于前列。在认识乔恩并获得教育领导学博士学位后，我专注于与学校合作。在我的论文中，我研究了2017年“学校能量巴士项目”的早期版本的影响。近20年来，“能量巴士”一直是我生活的一部分。从第一次“能量巴士”图书巡展，到撰写我的博士论文，再到与数百名学校领导和教育工作者开展合作，现在负责我们的“学校能量巴士项目”，我知道与乔恩·戈登一起合著此书并分享“改善学校文化的7个步骤”是我人生计划的一部分。就像我现在作为一个演讲者和作家在实现我的梦想一样，你们的梦想就在前方。我很兴奋，也很感激你们希望改善学校文化，从而更好地培养学生，让“能量巴士”成为这一过程的一部分。谢谢你搭乘这趟巴士。

——吉姆·范·艾伦博士

阅读指导

本书由我们两位——乔恩·戈登、吉姆·范·艾伦合著，在描述具体的学校案例时，为还原我们各自的经验和感受，我们在第一人称“我”之后标注名字以作区分。

前言

如果在拿起这本书之前，你还没有读过《能量巴士》，请先通过以下内容简单了解一下这本书。

星期一早上，乔治出门，发现他的车爆胎了，但这还不是他最头疼的问题。因为他的家庭生活一团糟，他的团队工作也陷入一片混乱。两周后公司就要推出一款重要的新产品，他必须想办法振作起来，否则就有可能同时失去婚姻和工作。乔治只能被迫乘坐巴士去上班。在两周的时间里，他遇到了一位不同寻常的巴士司机和一群有趣的人（乘客），他们分享了他人生中的10条搭乘规则，试图帮助他扭转当下困境，以挽救他的婚姻和工作。

自2007年出版以来，《能量巴士》已经在全球销售了300多万册。全美许多学校都以各种形式将“能量巴士”用于图书学习、研讨会、主题演讲，其中最有影响力的是我们的“能量巴士认证学校”活动。

这是一本具有变革意义的书，它为读者提供了如何克服工作和生活中的负面情绪的指导性方法。没有人可以免于经受生活的打磨，但要始终保持积极的愿景、自信乐观的精神。《能量巴士》就像是在讲述一个故事，教育工作者无论何时、为何阅读，都会发现它与自己的处境息息相关。这本书启发了我们的校本课程，并促成了这本新书的诞生。我们鼓励你抽出一段时间，阅读一下《能量巴士》，它可以帮你开启你人生中一段美好的旅程！

第1章

改善学校文化的7个步骤

改善学校文化是一项持续性、系统性的工程，为培养学生奠定了至关重要的基础。随着时间的推移，学校领导应该始终寻求改进、调整和发展的方法。这是一个涉及多步骤、多意向与多目标的过程。改善学校文化的过程从邀请你的教职工上车开始。

为学校设定愿景，并邀请他们参与其中。鼓励他们与你一起搭乘“能量巴士”。团队是实现学校愿景的明星。这需要群策群力，需要邀请大家参与其中。

一旦团队积极参与进来，愿景的实现便指日可待。下一步是创建一种积极的文化。参与其中的每个人，不仅要认识到他们是文化的一部分，还要通过实际行动共同塑造这种文化。能量巴士原则为你提供了打造地基的力量支柱。这些原则对每个人都有意义，起到了联结的作用。教职工和学生之间建立了共同的语言体系，体验共同的经历，从而建立了紧密的情感纽带。“能量巴士”能真正帮助你创建积极强大的学校文化，为你培养出更出色的学生提供源源不断的动力。

这趟出行需要注入正能量。心态和思维方式是师生和学校领导的两个驱动因素。能量巴士教会每个人如何培养积极的心态和思维方式，以及如何运用正能量为自己和他人加油。这将在面对挑战、变化和消极情绪时创造韧性。这也会在很大程度上提振士气和绩效！

确定了愿景和积极心态之后，要深刻意识到学校的工作是在培养积极的人。人们需要被养育、被关爱、被引导、被支持、被鼓励。在教育这样一个高压职业中，改善学校文化的下一步就是关爱你的乘客，让你的教职员工和学生愿意“搭车”，让他们觉得自己是其中一员，并一路分享这种关爱。这一切都是为了找到独特的方式来表达对学生和教职员工的关怀，这有助于他们在这个过程中建立牢固的关系。

不管这个过程中产生了多少爱和团结，消极情绪仍然会乘虚而入。为了改善学校文化，学校领导和员工不能害怕面对消极情绪，要学会努力改变它。如果没有预防和干预策略，消极、抱怨、哀叹和闲言碎语是不会消失的。一个具有积极校园文化的战略计划将有助于学校领导管理消极情绪，并将其转化为积极能量。

一旦消极性得到转化，更多的人搭乘上这趟“能量巴士”后，就是给乘客加油、重新充电、重新掌控注意力的时候了。这一切都与目标有关，它是积极校园文化的终极燃料，也是避免倦怠的关键。知道为何这么做，并理解它如何有助于提升积极校园文化是关键所在。当你面临困难的时候，让你的教师队伍和学生重新关注他们的目标和积极的心态，将帮助他们成为韧性十足和富有成效的问题解决者和沟通者。

归根结底，改善学校文化，就是全体教职员工肩负共同使命，凝聚在一起的过程，也是培养出更全面、更出色的学生的必经之路。我们旨在帮助你创建一支巴士司机车队。这支车队将在校园里不断带给你惊喜。车队还将把积极的信息带到他们的社区，以及教师队伍和学生家庭的生活中，会积极影响每一位参与者。

本书的其他章节更详细地探讨了这7个步骤：

- 邀请教职员工上车。
- 建立积极的文化。
- 用正能量为旅程加油。
- 关爱你的乘客。
- 转变消极。
- 带着目标补充能量，重新振作，重新集中精力。
- 创建一个巴士司机车队。

请准备好通过真实故事、全套策略、最佳实践和研究来改善你的学校文化，从而培养出更多优秀的学生。接受我们的建议，全方位打造教育正向力吧。同时，请享受这段人生旅程吧！

第2章

邀请教职员工上车

“记住，是你在开车，乔治。”乔伊说，“但当你开车的时候，你要不断地请求他人上车。最坏的情况就是他们的一声拒绝。但如果你不问，他们就不知道要上车。另外，沿途搭乘的人越多，你在旅途中创造的能量就越多。”我们的目标是最终让巴士上站满人，而且由于这是一辆能量巴士，它一直在不断扩大，因此你总能请更多的人加入进来。

——《能量巴士》

我们经常被问到一所成功学校的关键因素究竟是什么。这里所说的成功学校是指每位教师都想留下来教学的学校，也是每个家长都想送自家孩子去上学的学校。答案很简单，是学校文化。

当我们走进一所学校的大门接受培训时，很容易就能判断出一所学校的文化。作为外人进入学校，我们有什么感觉？是否有友好的面孔来迎接我们，告诉我们该去的方向？我们能否看到能量巴士的布告栏或墙上其他的积极信息，这些信息是由比我们更有创造力的教师制作的？我们会想象自己的孩子在这所学校上学吗？文化不是一件事；它是一切，它需要每个人的参与。为了创建一种伟大的文化，你必须邀请你的团队成员一起上车，让他们作为一个团队一起工作。

没有人能独自创造成功

创造积极的学校文化是一个集体的过程。它需要一个每位成员都想为学校成功做出贡献的团队。学校领导最重要的工作之一是建立和管理各种关系。优秀的领导者必须聘用合适的人，然后在这个过程中建立和发展这些关系。单凭一个人无法持续推动积极的文化。试图这样做只会导致精疲力竭。关键是要建立一支能共同创造成功的团队——在追求卓越的过程中，在巴士上享受到更多的喜悦。

在堪萨斯州的农村地区，坐落着联合学区216迪尔菲尔德学校（USD 216 Deerfield Schools），这是首批获得能量巴士学校认证的一所学校。我（吉姆）在学年初为他们完成了一次培训，邀请他们“上车”。他们迎来了一位新校长，他想以积极姿态开始他的任期。这是一次成功的研讨会。可几个月过去了，我没有收到迪尔菲尔德学校的信。

我几乎没有在我们的社交媒体群里或他们自己的社交媒体平台上看到“学校能量巴士”的照片。

我在学年期间联系了他们，他们的校长说第一学年没有按计划进行。他主动承担责任，说他没有组建一支团队。他没有邀请他的教职员工上车。他决定更新他们的认证，以不同的方式进行管理和组织，并听从我的指导，组建一个团队，采取更加集体化的方法。他们聘请了第二位辅导员，她与现有的辅导员合作，帮助实施该计划。我受邀回到堪萨斯州，为他们的队伍建设注入新的活力，并强调团队合作的重要性，以使“学校能量巴士”计划在他们的校园内取得成功。

在与他们的两位辅导员会面后，很明显，他们今年的“能量巴士之旅”会很精彩。他们制定了与师生充分互动的计划。他们充满了激情和热忱。他们希望迪尔菲尔德学校拥有一种积极向上和高度参与的文化。他们将自己视为一个真正的团队，知道要想取得成功，就必须邀请教职员工上车。迪尔菲尔德学校已经成为能量巴士认证学校的典范。他们的辅导员继续努力创造一种人人都想成功的普遍文化。他们与校长和教职员工密切合作，使学校能量巴士项目充满乐趣，吸引所有人参与进来。他们在这趟巴士上团结协作。

邀请所有人上车

学校教职工队伍由不同年代、背景、种族和经验水平的人组成。

学校领导必须邀请所有人上车。虽然有些职工一开始可能会持怀疑态度，但学校领导有责任向他们展示自己是团队的一分子。

对于资历深的教师们，学校领导须解释为什么这次项目会有所不同。对于新手教师，则需要提供更多的帮助和指导。信任是每个人相处的必要条件。教师队伍不会自动上车；他们需要被邀请上车。

我们的许多“能量巴士学校”都找到了邀请教师搭乘上车的创新方法。他们根据我们提供的样式打印了巴士车票，在车票上填写教职员工的名字，并在开学前进行分发。教职员工可能会在信箱里，又或者

车票　你受邀搭乘此趟巴士！　车票

车票　你是被选中的积极乘客！　车票

车票　终点是……成功！　车票

车票　诚招积极乘客！　车票

车票　享受你的人生旅程！　车票

车票　享受你的团队！　车票

车票　让我们一起成就一番大事！　车票

车票　你准备好搭乘此趟巴士了吗？　车票

车票　别犹豫，快上车吧！　车票

是在门上发现这张车票，甚至这张车票会由一位意气风发的学校领导亲自送上门。

然后，学校领导会要求每位教职员工在第一次教职员工会议上带上车票，签名后上交。这些车票通常会展示给所有人看。首次教职工会议是新学年所有人的共同经历。学校领导是基调的确定者，毫无疑问他们也应被视作如此。这是一种部落体验，领导者在会议上对他们的团队说："我希望你们成为其中的一员。"

共同经历铸就凝聚力

一群人一起经历共同的事情，会产生真正的凝聚力。因为每个人都有一些共同点，所以会感觉更加亲近。这就解释了为什么家人花时间在一起是如此重要，因为关系是通过分享经历来巩固的。2009年，托马斯·古斯基（Thomas Guskey）和尹光硕（Kwang Suk Yoon）在《前沿》（*The Leading Edge*）上发表了一篇题为《什么对专业发展有效》（*What Works in Professional Development*）的研究文章，这篇文章指出："改善学校发展最有效的方法是让每个学校的教育工作者定期开会，探讨共同问题，并根据共同的经验和集体智慧寻求解决方案。"当教职员工们在一起完成一些事项时，他们就会产生一种归属感和自豪感。

这就是为什么需要邀请教职员工上车，并让他们对团队做出个人承诺。无论是通过车票活动、在愿景横幅上签名，还是开展教职员工实地考察或聚会，创造共同经历是关键。任何人都不能在这个过程中缺席，或让他人代劳。“学校能量巴士项目”之所以取得巨大成功，是因为每位教职员工在这一过程中都做到了高度参与。他们坚信“能量巴士”的原则，这些原则将成为他们改善学校文化的基础。

人与人之间的纽带是团结和凝聚力。当他们通过某种承诺行为将这些“纽带”带入公众视野时，这种纽带的力量就会更加强大。当教职员工在车票上写上自己的名字，向整个团队介绍“能量巴士”规则，甚至共进晚餐时，他们就是文化建设过程的积极参与者。他们其实是在表达“我是这个团队的一员”。当你的教职员工一起上车时，他们已经准备好作为一个整体发挥积极的影响了！

分享愿景和目标

作为一名学校领导，既然你已经邀请了你的教职员工上车，并得到了团队的支持与承诺，那么现在就是分享愿景和目标的时候了，你需要让大家知道为什么“能量巴士”可以在校园内发挥影响，以及它将如何推动学校文化的建设。许多学校为成为“能量巴士认证学校”采取了积极的做法。

这些学校加入了一个广泛的学校网络，它们都以创建积极的校园文化为共同目标。它们都热爱并推崇《能量巴士》一书中的原则。这些原则不仅仅是一个主题，更是学校文化的基础。

对许多学校来说，这是一件很自然的事。夏威夷的怀马鲁小学（Waimalu Elementary）认为“能量巴士”是下一步的自然选择。他们的前任校长格伦·岩本（Glen Iwamoto）现在在一个区级职位上工作，他提到了他们学校的愿景是“培养学生的性格、态度和技能，在全球社会中脱颖而出”。在他看来，“能量巴士”规则有助于在学生中培养积极的态度和坚强的性格，从而实现他的学校愿景。他成功地与员工分享了自己的愿景，举办了研讨会，并加入了“学校能量巴士项目”。

“学校能量巴士项目”包含活动指南和其他资源，可对学生、教职员工甚至家长和社区成员产生积极影响。我（吉姆）2017年的论文研究表明，该计划的首要因素之一是学校里每个人都使用共同的语言。学生和教职员工使用书中的术语，如“用正能量为你的旅程加油”和“关爱你的乘客”。这样的共同语言建立了人与人之间的纽带。这些学校也为所有搭乘巴士的人创造了一个共享的体验。

爱荷华州的灵湖小学（Spirit Lake Elementary）解释说，要找到一个既能满足70多名教职员工的需求，又能与他们的学校愿景保持一致的计划非常困难。他们对教职员工的需求进行了调查，发现教师们需要一个有共同语言、目标和信仰的计划。他们加入了“能量巴士学校认证”活动，认为该活动非常符合他们的诉求，因为这些原则与他们的文化手册是一致的。他们提到，有了统一的愿景和共同的语言，灵湖小学就可能会成为教师们想要来工作的地方和家长想要送孩子去上学的地方。这才是对理想择校的定义。

学校领导者定下基调，分享愿景。这是他们工作的重要组成部分。学校领导需要分享他们希望将学校打造成为什么样的愿景，以便让他们参与进来。当你邀请你的团队上车时，也要以一种有趣和互动的方式与你的教职员工分享愿景，并帮助他们看到他们可以和将要产生的影响。这将使他们拥有动力，成为一所与众不同的学校的一员。由于缺乏一致性和问责制，许多教职员工看到学校的愿景变来变去，他们可能是不太愿意立即上车的人。因此，我们必须首先说明这一点。我们不是在举办“一劳永逸”的研讨会和培训班。表达并分享愿景不仅仅是一个主题，更是一个持续的过程。请用心、用热忱、用激情，分享你的愿景。

邀请领导团队提供支持

邀请学校“搭乘巴士”的一个重要部分就是邀请领导

团队一起来帮助你领导和改善学校文化。在我（吉姆）领导“学校能量巴士项目”的经历中，我经常与许多助理校长、辅导员和学校领导团队的其他成员直接沟通。你能感受到他们对创建积极向上的学校文化的真正热情和能量。很多时候，这些人是那些读过《能量巴士》的人，并把书中的精髓分享到他们校长那里。能量巴士学校的领导团队由关键的校车司机组成，他们会助你一臂之力，让学校的建设更加成功。

在佛罗里达州的村庄特许学校，他们拥有一支强大的领导团队，积极推动“能量巴士”的发展。他们拥有2100多名学生，分布在佛罗里达州发展最快的地区之一的多个校区。他们的教育总监兰迪·麦克丹尼尔博士（Dr. Randy McDaniel）致力于让这些校区的校长能够充满激情和活力地驾驶这辆“学校巴士”。从一开始，麦克丹尼尔博士就邀请了他的领导团队“上车”，现在他们成了我们的示范区之一。

趣味无穷的邀请方式

邀请教职员工上车并不一定要过度严肃认真。你可以让它变得充满趣味性。例如，爱荷华州的西里昂小学（West Lyon Elementary）决定采取一种独特的方式邀请教职员工搭乘“能量巴士”。他们在场外召开了第一次教职员工会议，并举办了一个小型比赛来介绍这本书中的10条规则。每辆“能量巴士”的规则中都有自己的站点，教职员工必须完成任务，学习规则，才能继续前进。其中一个站点包括把东西用钉子钉在一起，通过将钉子“打入”木头桩来说明“你是这趟巴士的司机”（你可以自行决定）。活动还包括用掷飞盘的方式邀请其他人上车，给水壶装满水，为“巴士之旅”注入正能量。通过将传统的员工会议与此类活动相结合，领导团队向员工展示了“能量巴士”的趣味力量。他们还向员工展示了积极的可能性。

我们的另一所“能量巴士认证学校”在他们的实际活动中，邀请教职员工搭乘了一辆真正的巴士。在校长向每个人介绍了“能量巴士”的理念之后，他们坐上了一辆校车。教职员工开车穿过学生们居住的社区，从他们的视角观察学生生活。校长希望教职员工实地了解学生的生活环境，并意识到“能量巴士”对那些在艰苦环境中成长的学生所带来的积极作用。

虽然实地考察不是邀请其他人上车分享愿景的必要条件，但它可以是与教职员工互动的一种有趣的方式。如果在校园举行传统会议，一定要把“能量巴士”的理念传递给每位教师，请主要的教师代表和领导团队区分其中的不同规则。作为“学校能量巴士项目”的一部分，书中甚至还有一段乔恩·戈登从学校的角度讲授规则的内容摘要。巧妙地让教职员工参与进来，让他们知道，在车上比在车站等车更有趣。

改善学校文化并非易事，学校内部也面临着挑战。教职员工短缺的问题以及压力和消极情绪都是真实存在的，如果任其发展，就可能会衍生出一种恶性循环的文化。消极情绪对校园的影响是不容轻视的。学校需要尽最大努力邀请每个人“上车”，推动积极向上的校园文化的

建设。当学校领导做到这一点时，他们就能很好地与他们的教职员工一起，作为一个团队来应对消极情绪和挑战。没有人能独自创造成功，当学校全员“上车”时，他们就能一起创造一个积极的未来。

第3章

建立积极的文化

就像一支成功的摇滚乐队，每位成员都演奏不同的乐器，神奇地创造出令人惊叹的声音，乔治团队的每位成员都在发挥自己的作用，其音乐是完美的。他们精力充沛，步调一致，很快就形成了一个团队。他们带着共同的愿景、共同的目标和一股强大的正能量，一起搭乘上乔治的这趟车，朝着同一个方向努力。

——《能量巴士》

培养学生是一个需要时间、精力和用心的过程，建立积极的学校文化亦是如此。在前文，我们阐述了创造一个积极的愿景和邀请他人上车的重要性。前一章的主题之一是“没有人能独自创造成功”。建立积极的文化需要每一个人都参与进来。每个人都创造文化，文化反过来又影响着每个人。根据《公立学校评论》的数据，到2023年，美国平均每所学校约有70名教职员工和514名学生。学校文化平均每天影响近600人。得克萨斯州、佛罗里达州和加利福尼亚州的一些高中入学人数超过4000人。

这些数据表明了建立学校文化的紧迫性和重要性。一天中有很长时间在校园里度过的学生，将把他们学到的课程和习惯应用到现实世界中。当他们进入职场，之后组建家庭，在社区生活时，他们会记得学校文化的影响。玛雅·安杰洛（Maya Angelou）有句名言：“我知道人们会忘记你说过的话，忘记你做过的事，但他们永远不会忘记你带给他们的感受。”学生将永远记得他们在学校的感受，这将影响他们的幸福和关于未来送自己孩子上哪所学校的决定。一所学校的文化可以塑造学生的品格。

美国国家教育研究纵向数据分析中心发现，每年有50万名教师离职。甚至在新冠疫情之前，师资短缺就被各地区视为主要挑战。虽然有些教师因为退休而离开，但这只是50万名教师中的一小部分。美国许多教师离开这个行业，因为他们认为教学环境恶化，职业倦怠感与日俱增。

就全美而言，在所有工作岗位上，2021年美国约有2400万人离职。麻省理工学院的研究表明，“大辞职潮”（Great Resignation）背后的驱动因素之一是未能认可员工的表现。通过本章的建议和实例，学校可以开始改变这一局面，留住优秀的教师和员工。当他们还在校的时候，就要让他们有参与感，向他们给予认可和肯定，邀请他们参与到校园文化建设的进程中。毕竟，他们是培养学生的中坚力量。

文化也会影响员工及其福祉。在积极文化中工作的员工会更快乐，工作和生活也更富有活力。当员工知道他们有能力创造自己的文化，并且自己还是这一过程的关键一员时，他们的能量就会得到加强。文化总是在高层校方领导带头动员后，在学校的全员参与中变得鲜活，充满生命力。再强调一次，领导者定下基调。

得克萨斯州一个人口仅有1643人的小镇就有这样一位领导者。泰迪·克莱文格博士（Dr. Teddy Clevenger）是巴特利特独立学区的区长，他一直致力于建立积极的学校文化。2023年8月，我（吉姆）有幸与他会面，并在他的学区发表了演讲。巴特利特独立学区之前由于学区的凋敝和橄榄球队的失利而出现了人口外流。它是得克萨斯州的F级学区，很难形成任何发展势头。

但克莱文格博士在短短4年时间里，扭转了巴特利特的局面。在组建了他认为是“全州最好的领导团队”之后，他和团队肩负着重建学区的使命，他们改变了学区内所有利益相关者的心态。他知道，他必须让合适的人“上车”，让这些人相信他的改造愿景。由于他亲力亲为的领导风格、远见卓识以及为学区争取急需资源的能力，学区的成绩不断上升，几乎达到了得克萨斯州的A级学区水平。

对于一个不被大多数人看好的学区来说，这是一个了不起的转变。

然而，这并不是故事的结尾。克莱文格博士付出了巨大的努力，终于为学区拿到了2000万美元的债券。经过两次独立投票，社区最终相信了他改变巴特利特文化的使命、愿景和方向。学区对他提出的最大问题是："你打算待多久？"他们一定很喜欢他的回答，因为债券最终获得了通过。巴特利特独立学区现在将接受全面改造，为该地区的新发展做出建设性的贡献。人们不再逃离这个小镇，而是让它重新焕发生机。我曾问过克莱文格博士，为什么他要接受这份并不被看好的工作。他说自己"天生就是个建筑工，喜欢修理东西"。在这个可能是他一生中最大的项目中，他正在重建那个曾经辉煌一时的学区，并在其衰落之际，重新让人们对它心向往之。

2023年，克莱文格博士想要进一步提升学区水平，他接受了"能量巴士"规则。学校的教职员工正在进行全书学习，他们即将成为"能量巴士认证学区"。克莱文格博士知道建立积极的学校文化并非易事，但这个过程是值得投入心力的。

明晰立场至关重要

文化不是偶然形成的。要建立一种伟大的文化，学校必须知道它代表谁。当我（乔恩）在学校演讲时，我总是问他们代表谁，答案总会是“学生”。我相信每所学校和每位教职工都是为了学生，所以我鼓励他们加强这种信念。

如果你碰巧被田纳西州农村地区的本顿县学校录用，你可能会在第一天收到惊喜。他们承诺给每位新员工分发一本《能量巴士》。在本顿县，“能量巴士”不仅仅是一个主题，而且是他们文化基础和身份认同的一部分。各级教职员工和教师都会阅读这本书，并且会在全年进行讨论。2022年，我（吉姆）在这里发表过演讲，很明显，这个地区已经完全加入了建设积极的学校文化这一行列。他们对如何建立积极的文化有明确的期望和指导方针。最重要的是，他们知道自己所代表的是什么，那就是“能量巴士”10条原则。

在我（吉姆）关于“学校能量巴士项目”的论文研究中，我研究了一所第一批加入该计划的学校。他们的校长明确表示，他们不会骄傲自满，会把工作重点放在提振学校全体教职员工的士气上。他们代表着卓越，这种信念会对校园文化和教师工作表现产生巨大影响。夏威夷的怀马鲁小学是一所有着文化底蕴的卓越小学，他们的座右铭是“文化胜过战略”。在上一章中，你读到了格伦·岩本校长的愿景，即“培养学生的性格、态度和技能，在全球社会中脱颖而出”。格伦告诉我们，他们的学校致力于为每个人创造一个温暖友爱的环境，这有助于他们实现自己的愿景。

怀马鲁小学所做的一切都与建立积极文化的愿景联系在一起。他们知道文化每次都胜过战略，因为如果没有员工培育正确的文化，再好的战略也毫无意义。如果他们想实现发展学生的愿景，让他们更好地融入社会，他们必须在校园关系和士气上进行投资。我们将在“关爱你的乘客”一章中详细讨论这一点。这些感受和校园环境对学生和教职工都有直接的影响。它创造了一个让每个人都感到关爱的环境，这样他们便都愿意积极为学校的成功做出贡献。他们身处一所拥有灵活计划的学校，但更重要的是，他们希望每一天都能创造一个积极温馨的校园。这就是他们的理念。如果你的学校正在苦苦挣扎，或者你正在应对很多消极情绪和挑战，那么最好的办法是回归根本，确保每个人都知道他们自己的立场。

清楚自己的立场会让你更容易做决定。这也让招聘变得更容易，因为当你聘用的人代表你的学校的立场，同时又符合学校文化时，他们就会充分理解并执行你的愿景和使命，从而培养出更符合办学宗旨的学生。

设定期望

学校领导必须传达这些期望，强化这些期望，将期望付诸实践，并始终如一地贯彻下去。当你知晓自己的立场时，你就可以设定期望和标准，确保你的教职员工和学生以正确的方式建立文化。

南卡罗来纳州的南康威小学（South Conway Elementary）是我（吉姆）在线上和线下交谈过的地方。他们的校长利昂·海斯（Leon Hayes）从事教育工作已有30多年。他认为，校园里很少存在消极情绪，主要是因为他们建立了一种强大的、以学生为中心的校园文化，防止了消极情绪的滋生。一段时间以来，他和教职员工一直专注于文化建设。他设定了期望值，每个人都奋起直追，以达到目标。不时会有一些人不喜欢变革，或对学校的发展方向持反对意见。但他们的领导团队会坚持每周与教职员工进行沟通，讨论或解决任何可能出现的消极情绪。虽然我们要讨论的是如何应对学校中的消极情绪，但请记住，解决这一问题，首先要创造正确的文化。

南康威小学文化氛围浓厚，每个人都知道自己的立场，所以消极情绪不会在这里滋生和传播。利昂说，让合适的人“上车”至关重要。他说，他们的招聘工作做得很好，会彻底核验推荐信，做好背调工作，并在面试前和面试中了解候选人。他们不是随便找一个教师或职员来填补职位空缺，而是要找一个符合他们校园文化的人。

了解核心价值观

当一所学校知道它代表什么时，才有了学校价值观的根基。对许多学校来说，答案围绕着“能量巴士”的10条原则。对其他人来说，它可能是愿景或是使命宣言，一个单词列表，或者其他不同的东西。当你知道自己的立场时，做决定就容易多了。从招聘到组织学校活动再到推行项目，一切都可以由你的价值观决定。学校必须想方设法践行和丰富自己的核心价值观。

在爱荷华州的灵湖小学，校长凯西·休伯纳（Kasey Huebner）说，他们的主要核心价值观是建立关系。他知道关系是他们想要实现一切目标的基础。作为一所“能量巴士认证”学校，他们的教职员工已经体验到了正能量对他们的愿景、团队合作和校园人际关系的影响。通过关注人际关系，他们加强了自己的文化、使命和彼此之间的联系。当与学校文化有关的每个人都知道自己的核心价值观是什么，并做到精准定位和知行合一时，核心价值观就会焕发出生命力。

领导者的一项重要工作是提醒每个人核心价值观是什么，这样他们就可以确保始终关注这些价值观，并在实际生活当中去践行。

灵湖小学将他们的“一个词”愿景宣言拼接成一辆巨型校车，供所有人参观。“一个词”活动是一种简单而有效的方法，可以让你在学年中选择一个专注的概念。许多目标和策略都源于这个“一个词”的合作。灵湖小学让学生和教职员工在打印纸上写下他们的词语，并将其排列成一辆巴士的形状。该校的教学教练南希·克里纳（Nancy Kriener）提到，这项核心成果每天都在提醒着人们这所学校的愿景、文化、立场以及价值观。

学校生活围绕核心价值观

灵湖小学用“一个词”愿景组合成巴士形状的案例，就是一种将学校价值观与有形提醒联系起来的方式，它能帮助学校养成积极的习惯，并将核心价值观付诸实践。毕竟，创造一种伟大文化的关键是让写在墙上的核心价值观在教职员工和学生的心中生根发芽。我们的“能量巴士认证学校”是最具创意的学校之一，他们将自己的文化融入生活。我们强烈建议你在学校的墙壁和装饰上分享核心价值观。任何参观校园的人都应该清楚地了解学校的价值观。每当学生走过走廊，他们都应该看到并感受到学校的核心价值观。我们每天的所见所闻都会对我们的思想和行为产生巨大的影响。思想是决定成功的关键手段，我们应该用身边的积极象征来培养和强化我们的核心价值观。

走进纽约贝斯佩奇的中央大道小学，你会看到一辆黄色的巨型能量巴士。车上有学生和行政人员的照片。巴士上写满了学生的愿景宣言和核心价值观，每个人一进校门就能看到。2021年，即将离任的校长史蒂夫·弗里（Steve Furrey）希望将“学校能量巴士项目”作为他在学校留下的最终成果之一。学校承诺在他退休后继续实施这一项目。史蒂夫希望校园里的每个人都知道中央大道小学代表着什么，那就是积极向上。你会在校园里看到“能量巴士”语录、巴士和其他与道路相关的装饰。它们会时刻提醒教职员工和学生要保持积极的心态，专注于积极的人际关系。

我（吉姆）在北卡罗来纳州的梅多维尤小学发表了演

讲，校长带我参观了校园。我在他们的正门入口处看到了所有“能量巴士”原则都印在房顶上吊着的趣味横幅上。每个走在校园里的人都可以抬头看到学校的核心理念。

这是“学校能量巴士项目”的关键之一：我们帮助其将核心价值观融入生活。墙壁上的装饰、剪贴画巴士和“能量巴士”语录至关重要，但我们要记住，仅仅将核心价值观挂在墙上是远远不够的。学校可以通过集会、歌曲、广播和教职员工会议等形式，让核心价值观焕发生命力。

例如，每当我和小学生一起参加学校集会时，我们都会唱一首“能量巴士”之歌。它教导学生要做自己的司机，要有远见，远离校园霸凌。这首歌朗朗上口，一定会深深印在他们的脑海中。

我们学校践行核心价值观的另一种方式是展示学生作品和表彰“月度能量巴士司机”。这使他们能够强化他们希望看到的文化和行为。如果任务说明或海报没有得到强化，学校就不能指望其得到践行。该计划中的“月度能量巴士司机”环节允许教师表彰最能体现当月“能量巴士”原则的学生。在该项目中，学校每次只关注学校能量巴士5项主要原则中的一项。他们可以是参与讨论和活动最多的学生，也可以是最能体现该原则的学生。教师也应口头强化他们希望看到的行为。大多数学校会在学校大型集会上表彰当选者。如果学校没有足够的空间召集所有人开会，有些学校会利用闭路广播，直接向所有教室进行广播。

在同学面前表扬学生会产生持久的影响。我儿子所在小学的吉祥物是野猫，他们学校的核心价值观是礼貌、意识、智慧和安全（PAWS）。每个班级每周都会颁发“小野猫奖”（Small Wildcat Award），以表彰那些经常做到有礼貌、聪慧和安全意识强的学生。每个班级都会大力进行表彰，获胜者还可以在一周内进行展示和演讲。这是小学社区的一大荣誉。教师们也都会强调此奖项的重要性以及如何更好地践行它。最重要的是，学校以一种有趣和公开的方式强化了他们希望从学生身上看到的品质。

能量巴士的象征意义

如果你通过定义标准来看待“文化”这个词，它是“指导群体标准的行为、信仰和传统及其共享意义”。这个定义中很重要的一个词是“共享意义”。最后一章的一个要点是我们在“学校能量巴士项目”中所经历的共同体验。这些活动、语言和符号真正影响着每一个人，甚至是学生家长。经常有许多新校长决定把他们的学校变成“能量巴士认证学校”，因为他们正在寻找一种方法来建立新的学校文化。如果前任校长没有给学校留下一个明确的发展蓝图或是没能让学校取得理想成绩，那么新校长就必须努力发展传统、习惯、信仰和符号，让每个人都去相信、践行和分享它们。

2020年之后，许多学校纷纷向我们求助，因为它们的员工在新冠疫情期间失去了认同感，许多文化和关系建设的优先事项被搁置，只关注安全规范和健康协议。我们帮助他们重新确立了自己的认同感，并创造了有助于在未来的时间里加强其文化的符号，使其成为不可动摇的基础。

文化符号使具有相同信念的群体能够通过这些符号来识别和颂扬这些信念。想想一个国家的国旗或一个运动队的标志。当人们看到这些符号时，就会有一种统一的信念，这也提醒了他们这些符号的含义和代表的意义。

2018年，我（吉姆）在得克萨斯州多莉·米勒中学（Dorie Miller Intermediate School）发表了演讲。当时正值该校开展“学校能量巴士项目”的第二年，他们希望能对员工进行更多培训。当我驶入学校停车场时，我看到了他们真正的行动成果。校门口附近停放着一辆“退役”的校车，车身侧面画着“能量巴士”的字样以及学生们快乐乘坐校车的图案。这所学校多年来一直运用“能量巴士”原则，并取得了许多积极的成果。停放在校门口的这辆巴士的象征意义时刻提醒着我们，要颂扬它们所代表的一切，并继续朝着未来前进。

多莉·米勒中学并不是唯一一所真实使用校车的学校。田纳西州的代顿市学校在我（吉姆）的一次演讲活动结束后，将一辆“能量巴士”停靠在校门口，给大家拍照留念，这让他们的员工惊喜不已。他们的校长多年来一直在修理这辆旧巴士，她想给她的教职员工一个惊喜。它象征着这个地区以“能量巴士”为向导即将踏上的新旅程。

这些符号表明了对文化的承诺，进而也创造了一种共同的纽带和体验。

在2022年4月，我（吉姆）踏上了全美各地的“学校能量巴士”之旅。我们的目标是尽可能多地会见教育工作者和管理人员。我想给这些学校提供建设积极型学校的工具、资源和策略。我们很幸运，在每个城市都有接待学校。在休斯敦郊外，我们来到了赫利特奇小学（Heritage Elementary）。这所学校之前曾使用过“能量巴士”的理念和原则。很多时候，学校会专门提供集体研读时间。有时会安排与之配套的培训，有时会使用图解手册和其他在线资源，在校园里进行实践。

赫利特奇小学很高兴能接待我们，并给我们展示了一些很有趣的东西。每年，他们都会装饰天花板上的瓷砖来展示他们这一年的重点主题，他们带我去了一间以“能量巴士”天花板瓷砖为特色的教室。这块瓷砖特别提醒了教职员工和学生，有了能量巴士，“我们就可以一起进步”。在他们将“能量巴士”引入校园多年之后，他们创造的文化符号继续影响着他们。这些符号帮助他们记住了“能量巴士”原则，这些原则仍然指导着他们。

文化符号经得起时间的考验。如果使用得当、坚持不懈，可以让一种文化长期创造和颂扬其共同意义及共同纽带。它们还能强化你希望看到更多的品质和行为。

一以贯之创造文化

无论你要创造什么样的文化，分享什么样的价值观，使用什么样的符号将其付诸实践，都必须始终如一。文化不是一次性的，它是一项永恒的使命。

在佛罗里达州的詹森海滩高中（Jensen Beach High School），校长洛里·沃格尔（Lori Vogel）的使命是创造一个积极向上、充满活力的校园。她希望这一次2023—2024学年的开始有所不同。正如大多数卓越的领导者都注重细节，她知道播放公告是一个很好的开始。在过去，公告只是简单地指出所有被打破的规则，并没有增加多少价值。现在，她利用晨间广播来赞美她的学生和教职员工，指出她所看到和听到的积极的事情，并在每天早上激励他们。此外，她还鼓励教职员工多使用积极的肢体语言，每天为校园带来正能量。他们也在员工会议上积极使用“能量巴士”术语。她始终坚持对积极校园文化的新愿景，取得了不错的效果。她得到了教职员工的积极反馈，詹森海滩高中刚刚被评为佛罗里达州百强高中之一。

这一切都始于积极的习惯，这些习惯会带来积极的结果。当学生们不断地在广播中听“能量巴士”的原则含义，看到墙上贴的语录，并在教室里谈论它们时，这些价值观和文化就会焕发生机。这个过程中，关键是要始终如一地执行。灵湖小学一直是我们最坚持和参与度最高的学校之一。这有力地证明了他们的校长凯西·休伯纳和教学教练南希·克里纳对学校文化的持续投入。他们提到了学校是如何实施以“能量巴士”原则为重点并加以强化的指导性活动。他们希望学生能够看到自己的行为和选择会如何影响他人。他们做得非常出色，没有让漠不关心或骄傲自满等消极情绪侵入他们的教学楼。

肯塔基州的华盛顿山中学也是如此。校长蒂姆·里德利（Tim Ridley）知道，文化就是当你走进一所学校的大楼时，你对它的感觉。他说，即使有很好的学术指导，只要消极文化存在，学校就永远无法充分发挥其潜力。蒂姆校长的工作非常出色，他始终与学生保持着联系，甚至通过学校赞助的抖音国际版（TikTok）账户来跟学生互动。有时他会在TikTok上手舞足蹈地跳一整天，只为博得学生们开心，拥有更好的学习状态。他的方法让他平易近人，这对中学生来说也是一个巨大的优势。蒂姆理解建立积极的校园文化的一致性理念。

当学校领导和教师以独特的方式与学生和教职员工建立联系时，他们就能一路给予认可、表扬和鼓励。尽管我们的许多学校都设有“月度司机奖”，但他们一直在鼓励认可学生和教职员工的积极行为。强化我们想要看到的行为是很重要的。学校领导和教师不能只进行一次表扬；每次我们看到值得褒奖的行为时，也都要及时做到积极反馈。只有这样，学校文化才能形成一种共同的信念，进而形成行为，养成习惯，产生卓越的成果。因此，让我们一致地认识到我们希望看到什么、成为什么。如果你的学校的目标是成为学区内最积极的学校，那么你就必须识别、指出并强化这些行为。当这样的行为在课堂上，或通过简短的谈话，以及在全校师生面前得到表扬时，学校文化就会迅速得到改善和转变。坚持不懈，你就会看到持续的影响。

第4章

用正能量为旅程加油

我发现，哪里有缺口，消极情绪就会从哪里乘虚而入，所以我们必须不断注入正能量，这样负能量就没有扩张的空间了。我们必须每天善用积极的情绪，培养积极的情感，采取积极的行动。正能量就是这样运作的。没有它，你的旅程就会停滞不前。

——《能量巴士》

建立积极的学校文化最有效的方法之一就是用积极的态度来推动学校各个方面的发展。在上一章中，我们讨论了一致性在创造文化中的重要性。积极的学校努力创造积极的环境，但这不是一蹴而就的，也不是偶然发生的。真正将积极型学校和被动型学校区分开来的一个主要因素是前者能够以一种分享正能量的方式持续沟通，从而为他人提供动力。

给学校注入正能量始于领导者给自己注入正能量，然后将此传递给教职员工，员工再给学生注入正能量，最后，整个学校给家长、家庭和社区注入正能量。正能量会逐级扩散，并传播给他人。在凯斯顿小学（Keystone Elementary），一所我们的首批模范“能量巴士认证学校”，他们看到了这种涟漪效应的直接影响。他们致力于成为首批“能量巴士认证学校”之一，也致力于让“能量巴士”原则在校园里变得鲜活起

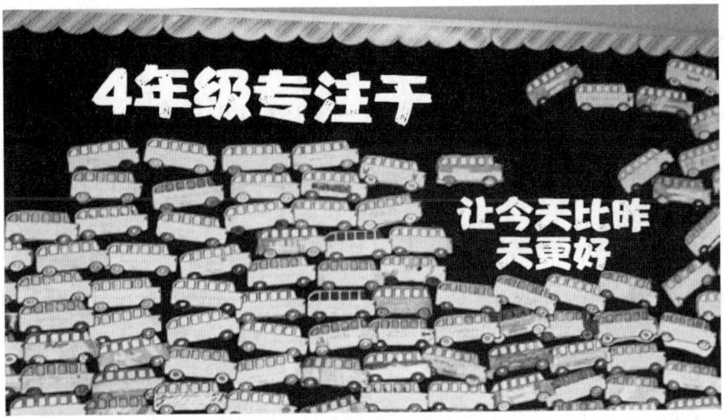

来。“用正能量为旅程加油”的原则影响了校园里的很多人。

如何激发自己

一切从领导者开始。由于领导力是信念的传递，学校领导和教师必须把身心的注意力集中在正确的位置上。这些人必须激励自己成为领导者，这样他们才能激励他人。

当谈到成功和积极的领导者时，积极的心态是关键。当下，学校比以往任何时候都更需要积极的领导者，他们要以正确的方式激励自己。如果你没有积极的能量，你就无法分享它。同样，如果你没有积极的心态，你也无法帮助那些在心态上有困难的人。我（乔恩）在写作和演讲生涯中花了很多时间与学校领导一起工作，亲眼见证了我的书和演讲对学校领导的影响。事实上，“学校能量巴士项目”就是因为很多校长和教师在读了《能量巴士》一书后变得更加积极和有影响力而诞生的。现实生活中，作为一名教育工作者，这极具挑战性，可能会让人精疲力竭，因而培养积极心态的策略和实践至关重要。

当我们去学校参加研讨会时，我们经常会在各个“站点”的墙上贴上“能量巴士”的所有原则。参与者需要参观每条原则，并完成一项活动或回答一个问题。在“用正能量为旅程加油”站点，有一个简单的问题：在嘈杂、消极和忙碌的世界里，你如何保持积极的心态？

首先，让我们承认，世界一直存在着嘈杂和消极，但自2020年以来，世界似乎变得更加消极。当生活变得忙碌，日子变得漫长时，自我关爱往往是我们首先会忽略的事情。我们需铭记于心：当我们投资自己时，我们才能更好地服务于他人。

那么，如何在一个嘈杂和消极的世界里保持积极呢？常见的答案有：多运动、享受美食、保持阅读、与家人共度时光、外出旅行，甚至还有适量小酌。最后一个答案总能引来哄堂大笑，而且通常会在研讨会上被其他教师圈起来并打上星号。许多教师和领导只是说，在学校度过了漫长的一周后，小酌一杯是放松身心的好方法。在丹佛市的一个学区，他们有一栋专门供教师和管理人员举办培训和获得专业发展的大楼。2021年，我（吉姆）在这里发表过演讲，并得知这栋大楼还为教师们举办了欢乐时光活动。我相信，这可能是该学区最受欢迎的教学楼之一。

教育工作者需要一种减压、放松和实践积极健康习惯的方法。领导者常常专注于为他人服务，而忘记了为自己服务。如果学校领导和教师们的自身能量不足，又怎么能用正能量影响学生呢？当认真考虑优先事项时，自我关爱必须排在首位。

关于减少头脑中的杂念，我（乔恩）经常推荐冥想、正念、祈祷等其他策略。正如我在《唯一的真相》(*The One Truth*)这本书中所写的，大脑是一根天线，我们每天必须将之调到积极的一边，而不是消极的一边。

我在《能量巴士》中写过我最喜欢的两个方法。第一个方法是“感恩步行”。这是指你边走边练习对生活中大大小小的事情心存感激。即使是10分钟，也会产生很大的影响。研究表明，你不可能同时感到压力和感恩。当你练习感恩时，你的大脑和身体就会充斥着积极的情绪，这些情绪会让你充满活力，而不是让你精疲力竭。

第二个方法是创建成功日志，每晚写下一天的成功经历。你关注的东西会更多地出现在你的生活中。你在寻找什么，你就会发现什么。每天晚上，你都会带着成功入睡，带着成功醒来。我强烈建议带着你的学生也这样做。我希望世界上的每一位教师都能在放学时问学生他们当天的成功是什么。学生每晚睡觉时都会觉得自己是位成功者。

乐观与信念

当你的思想和大脑充满积极情绪时，你会不自觉地养成积极的习惯。我们的信念常常决定了我们的创造。乐观和信念是积极的学校领导者推动成果和创造未来所需要的燃料。在路易斯安那州的乔治·韦尔奇小学(George Welch Elementary)，副校长安娜·雷丁(Anna Redding)认为，学校的日常工作不容忽视。

她总是想办法向她的员工展示她对他们的信任。学校经常提醒所有到访校园的人要抱持积极的信念。当你进入校园时，迎接你的是一个巨大的公告牌，上面写满了积极的话语和“能量巴士”的口号。雷丁女士认为，当你进出学校，途经学校前面“能量巴士”的巨型展板时，真的很难抱怨什么。

积极、乐观和信念最大的魅力在于感染力。你分享得越多，它就会在你的校园里传播得越广。

区别于其他普通学校，拥有这种正能量的学校，会以一种令人惊叹的方式脱颖而出。领导力是一种信念的传递。它从领导者传递给教职员工，从教职员工传递给学生，最终从整个学校传递给家庭和社区。积极的学校领导者和“能量巴士学校认证”活动有能力对社区和世界的改变做出贡献。一切从你开始！

拥有积极乐观心态的关键之一就是学会自我对话。读到这里，很多人都会会心一笑，因为我们都知道教师在这方面特别在行。教师们在研讨会上多次告诉我们，他们经常被发现呢喃自语。我们都有过这样的经历。你也可以自言自语。我们内心都住着两只小狗。一只给我们积极的鼓励，讲真话，让你充满信心。而另一只聒噪不已，向你灌输谎言、怀疑、恐惧和焦虑。谁会赢呢？你喂养的那只。教育工作者必须每天喂养那只“积极向上的小狗”。

消极的想法往往来自恐惧，而恐惧往往会欺骗我们。积极乐观的心态可以战胜恐惧。这并不意味着我们要忽视恐惧，而是我们不再受其控制，是去战胜它。在学校工作可能会滋生恐惧，因为每天都有太多的未知。未知的未来会滋生焦虑。不加控制的焦虑会导致我们无法成为自己想成为的学校领导和教师。灵湖小学前任校长、全景社区学校（Panorama Community Schools）现任校长凯西·休伯纳认为，作为一名教职员工，需要不断进行对话和反思，以持续为每个人注入正能量。正是在这些反思的过程中，我们才能打赢心理战，一起变得更加积极和乐观。通过保持积极乐观的心态和共同的信念，我们可以战胜恐惧，充满信心地工作。团队同心，其利断金。

教师集体效能

几年前，约翰·哈蒂（John Hattie）发表了一项突破性的研究成果，指出了与学生成绩相关的新的头号影响因素。他和他的团队将其称为“教师集体效能”，即学校教职员工相信自己有能力对学生产生积极影响的集体信念。教职员工对其能够共同影响学生的集体信念，对于学校的健康发展和学生的成功至关重要。如果一所学校的教职员工相信可以有所作为，那么他就会有所作为。我们经常低估信念的重要性，或者认为信念和积极只是一种美好的生活方式，但哈蒂的研究表明，信念是创造伟大成果的基础。早期研究学校文化和心理学的阿尔伯特·班杜拉（Albert Bandura）将这种效能定义为一个群体对完成预期行动或目标的能力的共同信念。因此，学校和教师队伍必须共同笃信学生可以创造非凡的成果。任课教师必须将这种信念传递给学生。反过来，学生们必须相信，他们能够共同在课堂上取得成功，并建立一种学习和尊重的文化。

创造积极文化的信念，用正能量为旅程加油，会产生非凡的结果。这些结果并不总是可以量化的，但可以被感受到。当一群人致力于一个积极的使命时，你可以感受到文化和态度的转变。“能量巴士”之所以如此强大，是因为它以一种使命和集体信念将学校团结在一起。在华盛顿山中学，校长蒂姆·里德利对师生进行了一项关于“能量巴士”影响的调查。他想要准确地了解“能量巴士”如何在帮助他们建立积极的文化和信念方面发挥作用。学生和教职员工的坦诚回应表明，他们相信自己能够而且确实对学校文化的成果产生了影响。他们的集体信念强于恐惧或怀疑，他们靠这样的信念来推动他们的“巴士”向前行进。

蒂姆和我们分享了这个调查，大家的反应非常强烈。

学生们表示，“能量巴士”向他们展示了保持积极的心态不仅能让你感觉良好，还能影响你周围的每个人。另一位工作人员写道，“能量巴士”向他们展示了正向沟通如何影响学校文化的建设。学生和教师们还讨论了消极态度的负面影响。没有人希望自己是消极的，而学校也很乐意学习如何应对消极情绪。其中一个学生的回答最有说服力。他提到了“能量巴士”如何帮助他们选择与具有正能量的人相处。正如我们所讨论的，集体信念不会偶然发生，它必须加以培养。

学院公园小学（College Park Elementary）在培养集体积极信念方面做得很好。他们没有足够的场地来举办全校集会，但他们另辟蹊径，想出了如何在虚拟环境中做到这一点。他们每月举行一次聚会，由一位优秀的辅导员阿曼达·托尔伯特（Amanda Tolbert）组织和主持。她为所有学生创造了一个可互动、趣味十足的场景，同时强化了《能量巴士》一书的主题。她经常身着戏服来，让学生们通过教室里的麦克风参与互动。学生们被她真实的能量和这些集会的一致性所激励。这种一致性很重要，因为集会和培训不应该在士气低落或需要火花时才举行，而是应该每月一次，每天强化。学校和学区不应该等到水箱空了才去投资以培养和维持他们的集体信念。

如何激励员工

我（吉姆）参加过的活动里，最喜欢的活动之一是马里兰州的安妮阿伦德尔学区（Anne Arundel School District）举办的一个名为“卡弗之夜”（Carver at Night）的创新活动。这个专业发展之夜非常受欢迎，排队等候参加的人很多。你没看错，在傍晚时分，教师们成群结队地来参加这个专业发展活动。“卡弗之夜”在学区的大楼里举行，提供一顿丰盛的晚餐以及当地一所高中乐队的音乐表演。晚餐后，每位参与者都参加了整晚的课程。此外，该活动还设有小吃车、瑜伽室、按摩室，并提供其他学习机会。我曾在此举行了一次有趣的分组讨论，大家通过活动和讨论进行了互动。参与者精神振奋，备受鼓舞，并希望能够参与其中。

我和专业发展主管海伦・马托斯基（Helen Mateosky）进行了交谈，她把这个想法带到了学区。海伦找到了一种真诚的方式来激发安妮阿伦德尔学区教师和员工的热情。这与这些教职员工参与过的任何活动都不同，每个人都表现出了极大的热情和兴奋。学校领导可以利用这个例子，投资于一种新型的专业发展，自由选择课程，促进教师团队的成长。

“卡弗之夜”找到了在学校文化中提高参与度的秘钥。如果你在这个过程中增加一些选择，并真正向所有相关人员表达你的感激，大家就会“上车”。如果他们感到被关

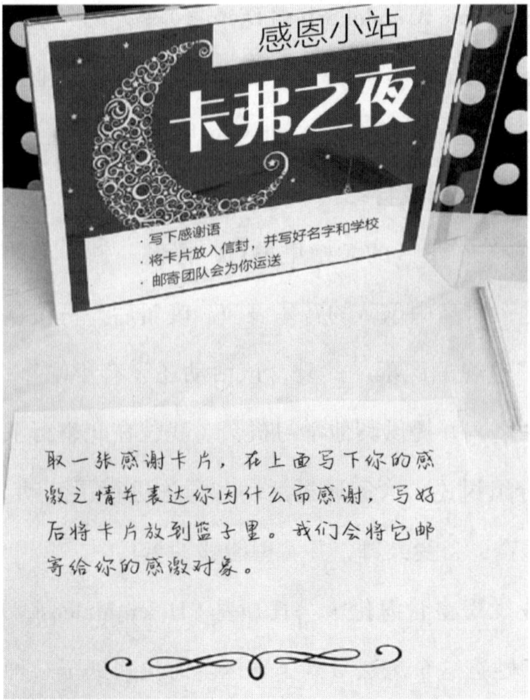

心，他们会分享更多。他们将与校园中他们遇到的所有人分享他们的正能量。

有无数的方法可以激励你的教师们，让他们知道你关心他们。其中一个想法在我们的“能量巴士认证学校”活动中非常受欢迎。这就是为教师和教职员工提供的小吃车服务。一些辅导员和学生会推着装满各种小吃的小推车在学校里走来走去。每位教师和教职员工都可以选择他们想要的任何零食，并收到一句鼓励性的话语或其他积极的肯定

能量巴士认证学校的学生特别喜欢帮老师推小吃车。

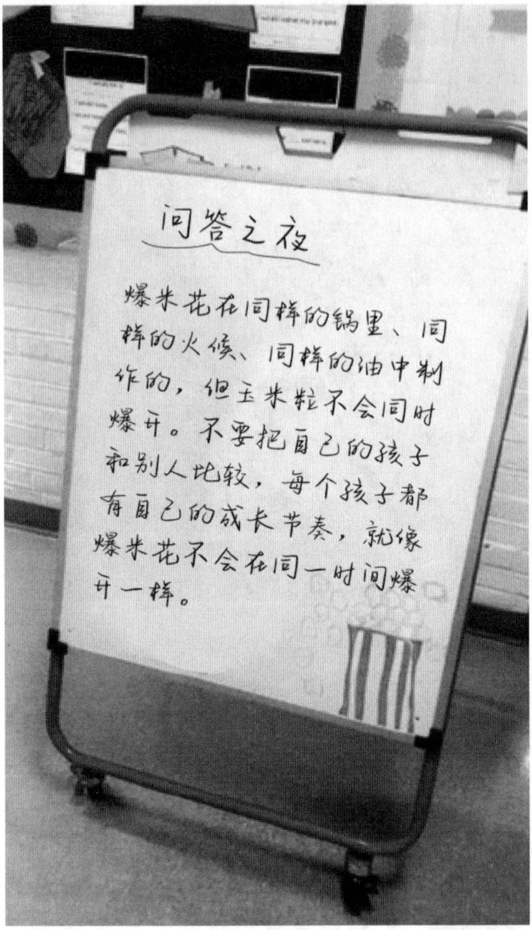

之词。你可以看到学生们参与这个活动后，目光里所流露出的喜悦感和成就感。

我们意识到并不是每一所学校都有资源来组织这样一个“卡弗之

夜”或是小吃车服务。为教师和学生加油的方式有很多，唯一需要付出的成本是时间和精力。华盛顿山中学以积极正面的庆祝活动开始他们所有的员工会议，分享校园中的“高光时刻”，成功和积极的正能量信息。许多学校将此称为“分享成功”或“寻找积极的驱动力”，但不管你怎么称呼它，这种做法赋予了员工团队凝聚力，也激励了他们，创立了集体积极性。

灵湖小学坚持不懈地对教职员工表达感激。南希·克里纳每周都会亲手将带有正能量话语的、黄色校车样式的纸条送给教职员工。领导团队全年都会投入时间，就如何向校园里的其他人表示感谢提出新的想法。校方相信，这些始终如一的想法和参与有助于保持学校高昂的士气。教职员工们感觉到了动力、关爱、赞赏、倾听和支持。

佛罗里达州开普科勒尔的外交官小学（Diplomat Elementary）就是一个很好的为彼此发展加油助力的例子。他们不仅留住了教职员工，还吸引了大批求职者前来应聘。校长查克·维拉尔迪（Chuck Vilardi）是一位不遗余力地与所有教职工建立真正关系的领导者的典范。此外，他倾听员工的心声，始终竭尽所能地为学校争取成功所需的资源。

维拉尔迪校长一直是开普科勒尔地区多所学校的领导者。他在这些学校任职期间的一个共同点是致力于建设积极的校园文化。维拉尔迪先生每到一处，都会用一本乔恩·戈登的书为他所在的校园注入活力和生机。他的教职员工在专业发展期间高度投入，因为他们感到在他领导的校园工作是幸运和幸福的。在教职员工短缺的时代，外交官小学让教职员工参与到学校的改进过程中，加强了人际关系，带来了有趣而相关的专业发展，当然，学校也为这些教师们提供了很美味的食物。我（吉姆）为维拉尔迪先生的3所学校举办过研讨会，都令人印象深刻。我记得，与我一起工作的都是热情洋溢的教职员工，他们无法想象自己会在其他地方工作。这些教师和员工完全搭乘了“能量巴士”，他们每天都在努力工作，为彼此的旅程加油。

如何激励学生

我们知道，需要更多正能量的不仅仅是教职员工。学生们也能从正能量中受益。凯斯顿小学提供了许多活动案例和想法，为我们的“学校能量巴士项目”奠定了基础。现在，我们已经有了一个清晰的路线图，知道如何为校园里的学生提供最佳的“乘车服务”。根据《美国教育周刊》最近发表的一篇文章，平均每个学生在中小学课堂上度过的时间将超过10,000 小时。这一数据表明，在学生接受教育的过程中，确保每一个小时都有价值是非常重要的。

当你为学生的成长注入正能量时，你就是在为他们的品格、心态、目标、梦想和未来投资。心智和其他品质一样，需要经过适当的训练，才能积极思考，应对生活中的挑战。当负面事件发生时，我们内心的求生本能可能会诱使我们躲藏、抱怨、变得自私和脱离现实。这是自我保护的本能。学生需要学习如何在消极情绪面前站起来并战胜它。学校教授的不仅仅是学科课程，还有可以改变人生的社会情感学习和积极心理框架。

我们的许多“能量巴士认证学校”，如凯斯顿小学，都以年级晨会作为一天的开始。在这些小学中，这是一个独特的机会来讨论学生生活中发生的事情。晨会的关键是要增加个性化，并在学生之间建立一些共同的兴趣爱好。这有助于建立积极的关系。教师应始终以班级自创口号、朗诵校训/班训或“能量巴士”原则作为积极的结束语。对于初中和高中，可以用前5分钟的时间进行非正式交谈，以建立关系，因为很多学生不在年级大教室里见面。

“学校能量巴士项目”中一个很受欢迎的部分是“积极加油站”，当学生需要积极的动力时，它就会出现。教职员工和学生用趣味图片、语录、励志名言和校园照片制作笔记本。学生们可以参观其中一个加油站点，开怀大笑，受到启发，并重新开启生活。凯斯顿小学在“学校能量巴士项目”资源之外拓展了这个想法。我们的项目启发了整个校园思考校园发展的创新思路和方法。

积极加油站

为学生的成长加油也意味着关注他们做正确的事情。晨会的作用就在于落实这一原则。这并不意味着我们忽视负面行为，而是指学校要强化和鼓励其希望看到的积极行为。通过写寄语送到家、设立奖项、每天表扬学生等方式，教师强化了学生的正确行为。当我们关注学生做正确的事情时，他们就会经常做更多正确的事情。

“能量巴士”还教教育工作者如何以不同的方式思考和与学生交谈。我们鼓励教师将消极的语言转换为积极的行动陈述。与其说“不要这样做”，不如说“我想看到你这样做”。积极的学校致力于消除消极词语，专注于积极措辞和表达。这种心态和语言的转变教会学生在一天的生活中也更加注意自己的言辞。我们鼓励乘坐“能量巴士”的学生在校内校外都能做到积极乐观和自我认可。

凯斯顿小学的一位教师说，由于他们开展了“学校能量巴士项目”，师生们现在觉得他们有能力掌控自己的感受。许多人认为他们现在可以选择更积极的态度，有能力在校内外做出更好的选择。凯斯顿小学的教师们在采访中不断表示，他们从彼此的正能量中汲取了大量养分。

激励学生确实是一项团队工作。它始于领导者。首先领导者要学会自我关爱，关注自己的需求，为自己加油。

之后，将这种信念传递给教职员工，用正能量为他们的旅程加油。教师队伍反过来又会对学生和家长起到激励作用。齐心协力，最终形成良性循环。

积极加油站给教职员工和学生提供了彼此激励的场所。无论是成功经验、学习心得，还是生活中的小确幸，它们都会拉近师生之间的距离，让整个学校充满正能量。

第5章

关爱你的乘客

你的团队想知道你关心他们的未来和福祉。他们需要知道你爱他们。这不能只关乎你和你的工作，也必须是跟他们紧密相关。当你爱他们的时候，他们也会爱你，努力工作，勤恳忠诚，用积极主动性和成功故事给你惊喜，并像你对待他们一样回应你。

——《能量巴士》

爱就是关怀

在《能量巴士》中，我（乔恩）分享了5种关爱你的乘客的方法：

1. 为他们腾出时间。

2. 倾听他们的声音。

3. 认可他们。

4. 为他们服务。

5. 激发出他们最好的一面。

事实上，如果你不关心他人，那么你就不会做这些事情。爱和关怀是为师生注入正能量的终极方式。

多年来，出现了许多不同的独特而富有爱心的领导者的故事：金宝汤公司的道格·科南特（Doug Conant）给员工写了1万多封感谢信；百事可乐公司前首席执行官英德拉·努伊（Indra Nooyi）每年给管理层核心成员的父母写400多封信，每封信都谈到了员工在公司的表现，并感谢他们将孩子送到百事可乐公司工作。这两种做法都是需要时间、组织和承诺的大胆举措。一旦领导者启动了写信的流程，员工及其家庭成员就会对未来是否会收到赞赏和感激之信充满期待。

这正是学校领导或教师表达关爱的方式。百事可乐的努伊和金宝汤的科南特都有自己的关爱模式。两位首席执行官都在员工的生活中保持着明显的存在感。“可见的存在”将有助于建立信任。在学习这部分内容时，请开始思考你是如何以独特的方式关心和爱护你的教职员工和学生的。

得克萨斯州前景学区（Prosper ISD）的前任校长德鲁·沃特金斯（Drew Watkins）在任职34年、担任校长18年之后退休。在任期间，他花时间了解每一位学生的名字，并亲自给每一位即将毕业的高年级学生写寄语。该学区的毕业生从最初的80人增加到400多人。从他的文字你可以很明显感觉到，他爱他的学生，他的学生也爱他。一位学生记得，他走到她身边时，她正在吃蘸了花生酱的果酱夹心三明治。她当时是高三学生，他说："还是不喜欢面包坯啊？"他还记得她上小学时候的饮食习惯。他积极参与学生的生活。一位家长说，她的儿子非常欣喜，因为他收到了校长寄来的一张卡片，于是他向沃特金斯校长当面表达了感谢。沃特金斯校长说，正是因为有这样可爱的学生，他现在仍然坚持手写寄语。在学区周边，人们经常能看到他亲自为下车的人拉开车门，也能看到他穿梭于各个教室，在白板上写笔记。

他是关系建立者和公仆式领导者的典范。沃特金斯博士的关怀标志是成为一个看得见的领导者。学生、家长、教职员工和社区成员都与这位大型学区的领导者建立了个人关系。试想一下，如果有更多的学校领导和教师主动与身边的每一个人发展和建立关系，那将是多么美好的事情。成为一个看得见的领导者表明你是主导关系的一方，擅长驱动人际关系，因为你敞开心扉，接受对话和想法。即使是短暂的闲聊也是表达你关心和爱护他人的好方法。参与"能量巴士认证学校"活动的一位校长会与早上进门的每个小学生击掌。他说，看到他们的面庞，与他们建立联系，叫出他们的名字，并与他们击掌鼓励，这让他很开心。

对于教师们来说，分享他们的关爱也很重要。苏珊·恩格勒特（Susan Englert）曾是棕榈港中学的优秀英语教师，最近刚刚退休，她的使命是以独特的方式与学生互动。她的课堂总是给人与众不同的感觉，因为她利用项目式学习让学生参与到有意义的活动中。在她的课堂上，她每时每刻都在跟学生合作或是让学生之间展开合作。她以一种非常健谈的方式授课，把学生吸引到讨论中来。这是一门让人向往的课程。每一天都不一样，学生们会沉浸其中，并且深深爱上跟周围人一起探讨的氛围，这种感觉就像是一家人。创造像恩格勒特这样独具特色又引人入胜的课堂环境需要消耗大量的心思和创造性想法。然而，她的课程经受住了时间的考验，她仍然与30多年前的学生保持着联系。

用心建立关系

当你热爱和关心他人时，你就会花时间投资和建立关系。这会提高参与度和留任率。根据加州大学伯克利分校的研究，学校教职员工之间的积极关系会提高彼此间的信任度。此外，如果同事之间彼此包容鼓励，他们就觉得可以坦诚交流，并在有需要时互帮互助。得克萨斯州恩尼斯市的多莉·米勒小学自2017年以来一直是“能量巴士”示范学校。我们在第3章中提到，他们在校外停放了一辆真正的“能量巴士”。很明显，从第一天起，他们就加入了“能量巴士”的行列，懂得关爱他们的乘

客。他们的校长林赛·伍德（Lindsey Wood）经常有意无意地向她的教职员工表达她爱他们。多莉·米勒小学为教职员工和学生所做的一切，都是出于这种用心。林赛会有意抽出时间来看望教职员工，或询问他们的家庭和孩子的情况。如果有人长期生病在家，或者家里有新生儿，她会有意识地在手机上设置提醒事项，定期去拜访他们。这些积极的习惯会让“乘客”（教师和学生）感到被关爱、被尊重和被重视。当那些需要帮助的人收到校领导直接的关爱时，他们就会感受到自己的价值，知道自己在被重视和关爱着。

校园生活的日常琐事、教职员工以及数百甚至数千名学生和家长的管理工作都非常繁重。我们知道，要始终如一地关心他人并投入到人际关系中并非易事。我们很容易在繁忙的校园生活中迷失自己的方向。但是，当你为人际关系留出时间时，你的人际关系将会让学校变得更强大、更美好。

建立社交纽带

有意识建立人际关系的习惯是文化发展的社会黏合剂。明尼苏达大学（University of Minnesota）和多伦多大学

（University of Toronto）在研究学生成绩与优秀领导力之间的关联时，给出了另一种有助于建立联系的策略。他们发现，成功的校长每周都会进行20—60次课堂访问和观察。他们身体力行，挤出时间，出现在课堂上，与学生建立联系，建立信任纽带。

根据克利夫兰网站上的一篇文章，俄亥俄州独立中学的一位校长相信凝聚力的力量。凯文·雅库布（Kevin Jakub）现在是俄亥俄州一所高中的校长，他采用了移动办公室的策略，即他有一个带轮子的站立式办公桌。他认为这给了他一个离开办公室的机会。他想要出现在走廊、教室、健身房、自助餐厅，以及任何教职员工和学生互动及建立社交纽带的任何地方。雅库布说，学校里每天都有很多大事发生，他希望能在“最热闹”的地方工作，因为他相信人际关系不是在办公桌后方建立起来的。这让他有机会创造性地利用自己的空间和工作地点。

只要坚持不懈、用心去做，社交纽带就能把校园凝聚在一起。人际关系几乎驱动着校园和教室里发生的一切。社会凝聚力是由个人和群体对话、有意的爱的行为、可见的领导力和战略沟通组成的，这些都能创造一种共享的体验。帮助学生、教师队伍和家长建立社交纽带的方法有很多，让我们在接下来的内容里一起探讨更多的方法。

关爱员工

热播喜剧《办公室》（*The Office*）展示了一个鲜为人知的美国节

日——每年4月26日的“美国椒盐脆饼日”。在一个名场面里，男主角老板迈克尔·斯科特不顾公司生产率的压力，在工作中途停下来，免费分享了一个夹了各种配料的椒盐脆饼。迈克尔和他的员工斯坦利·哈德森经常意见不合，但那天他们却因为分享免费椒盐脆饼的喜悦而逐渐亲密。

多莉·米勒小学为了纪念美国椒盐脆饼日，为所有教职员工免费提供了椒盐脆饼。校长林赛·伍德在暑假期间制定了一份社交日历，以确定员工们收到亲手送餐的确切日期。林赛将此视为与大家一对一接触的机会。她认为，谨慎些固然没错，但真正表达爱的方式是有意识的对话和沟通。手写便条是她关爱教职员工的标志，她每周至少给每位员工写一张手写便条。林赛尽量根据员工的实际情况来写，让他们知道自己被关爱着，被重视着。这也要求她成为一名“在场”领导者。如果不在校园里与人交谈和互动，她就无法了解教职员工的真实生活情况。

过生日也是与员工交流的好方法。林赛没有等到他们生日的那一周才写生日贺卡——因为当你是校长的时候总会有一些计划外的事情要处理——而是提前写好生日贺卡，让她的秘书在寿星过生日的那一周把它们寄出去。学校领导有时需要发挥创造力，以确保每个员工都感到被关爱和被重视。

乔治·韦尔奇小学，另一所“能量巴士认证”示范学校，该校同样注重关爱他们的“乘客”。他们的副校长安娜·雷丁说，她的目标是让每一位教师都感到被重视和被关爱。她制定了一个名为TGIM的策略，即“谢天谢地，今天是周一”（Thank Goodness It's Monday）。她鼓励员工和学生思考他们今天要做什么。她经常在每个员工的盒子里放一份零食，并手写一张鼓励或认可的纸条。安娜认为，当她和其他领导都是积极的鼓励者时，教师们会更容易接近她，提出问题，分享想法。虽然很多人都把注意力集中在周五的工作上，但安娜不希望任何人在乔治 · 韦尔奇小学有“周一综合征”。

另一种表彰教职员工的创造性方法是交给家长来做这项工作。多莉 · 米勒的林赛 · 伍德鼓励家长们在想要夸教师的时候，发送一份“积极教师推荐信”邮件。她会把邮件打印出来，贴在一张证书上，然后亲手送到教师手里。他们会拍照并分享到学校的官方社交平台页面上。林赛明确表示，这样做不花一分钱，只需花很少的时间，却能让教师感受到爱，获得认可，并为出色的工作而庆祝，从而产生持久的影响。

记住，这不仅仅是一张纸条。它关乎着整个过程，关乎着整个系统背后的意图。校长创建了一个让爱每天都能蔓延的传播系统。该系统允许家长和教职员工直接对某人表示感谢，并以公开的方式予以认可。虽然教师并不是为了获得关注或公开表扬，但可能当他们需要正面反馈的时候，或是他们情绪低落、信心不足时，当他们看到家长和学生的表扬和夸赞时，就得到了真正意义上的帮助。

得克萨斯州沃斯堡附近的艾索学区的杰西卡 · 汉森（Jessica Hanson）和艾米 · 罗尔曼（Amy Rollman）坚信要

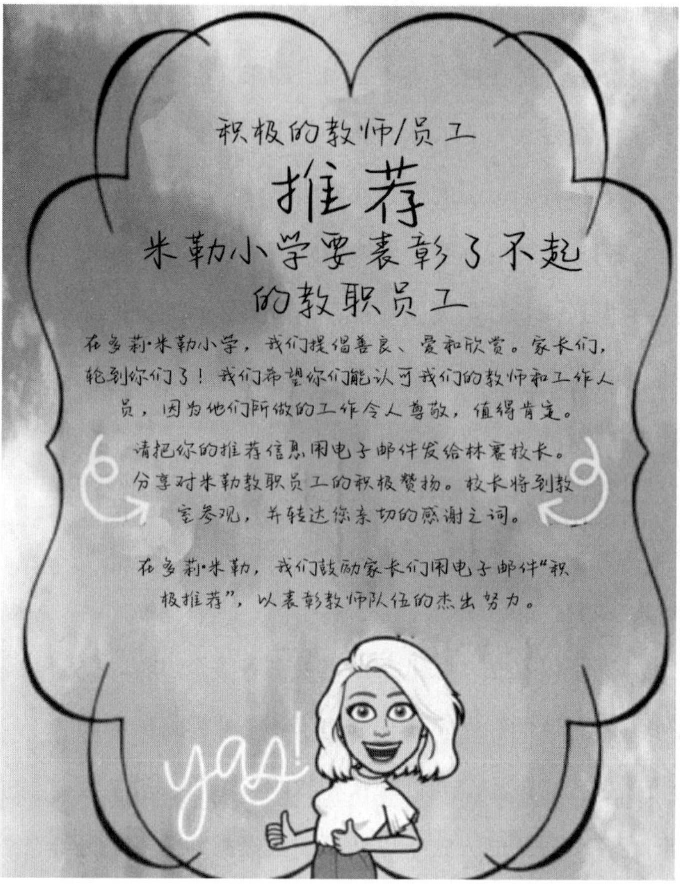

关爱“乘客”。在担任校长期间，她们在各自的校园里使用了“能量巴士”原则，并从中受到了启发，希望将这种关爱传递下去。她们成了认证培训师，现在，她们正在激励和关爱该地区内的教师队伍。她们已经成为教职员工专业发展的关键人物，她们利用“能量巴士”的原则向他人展示艾索教育局的优质领导力。她们甚至有机会向新教师介绍这些原则，并将其作为校区文化的基础。她们是证明爱会蔓延并在分享时让他人受益的很好案例。

关爱学生和家长

灵湖小学带着他们的学生去当地的一个主题公园，教授他们所有关于“能量巴士”的规则。根据不同的“能量巴士”规则，他们在主题公园游乐设施前设置了不同的站点。学生们必须先学习规则，并做一些有趣的活动，然后才能玩这些游乐设施。对于学生和家长来说，这是一种将“能量巴士”带入生活的独特方式。学生们都是动手能力很强的视觉学习者，所以灵湖小学的这次实地考察给他们留下了深刻的印象。他们证明了你可以同时学习和乘坐过山车。灵湖小学甚至把学生们带回到主题公园，开启了2023年度的“能量巴士认证学习”项目。他们的校长告诉我们，根据他在主题公园观察到的活力，他相信学生们可以在逆境中茁壮成长。现在，当学生们在课堂上与“能量巴士”规则互动时，他们对这些规则有了积极的理解和印象。这再次证明了教师队伍和校方领导的用心，他们希望通过用心、用实际行动，来关爱他们的“乘客”。

悬浮球
悬浮球
让球沿着轨道出来
圈套游戏
走上前来，别害羞
25个圈1美元
规则2
用正能量
加油

关爱你的
乘客

规则3
霸凌
严禁霸凌！

能量巴士
姜饼小屋
制作者
马加比女士、孔斯
女士和她们的3年级
朋友

灵湖小学甚至通过举办有趣的冬季校园开放日延续了这一互动传统。他们用不同的冬季和圣诞节主题装饰了所有的走廊，并将“能量巴士”的规则与每个主题联系起来。这样做是为了向家长和访客展示他们的各种校园倡议，并继续向每个人强化“能量巴士”理念。学生们可以带着他们的父母参观校园，边参观边向他们讲解不同的“能量巴士”规则。他们有互动游戏、食物分享和各种各样的展示。灵湖小学展示了一个充满活力和生机的校园社区，“能量巴士”正是他们所做的一切的基础。

此外，学校还可以从实际出发，在一天中增添一抹爱的色彩。在中央大道小学，他们创建了“周五为你的骑行加油”，以延续“能量巴士”的理念。他们的学校心理学专家路易斯·里奇博士（Dr. Louis Ricci）要求教职员工在广播中讲一个故事、读一首诗或来一段说唱。他甚至还用自己的长号来为学校增添活力。利用晨间广播为一天的工作定下基调，强化校园文化和“能量巴士”理念，这一点非常重要。想方设法创造性地传达信息，学生和教职员工就会倾听并记住这些信息。谁不喜欢早上听一段好听的说唱呢？

我们从“能量巴士”新学校收到的一个主要问题是，如何让家长参与到文化建设过程中，让他们感受到爱。他们知道，家长是学校文化的一部分，家长的参与必不可少。幸运的是，我们的所有学校都在沿海地区，在我们每月的线上会议小组辅导课上，总有学校分享最佳做法，为我们提供支持、指导和范例。我们很幸运，作为一个大型项目，我们仍然致力于让一切变得细致、简单和个性化。

亚利桑那州的圣大卫学校是首批为家长举办开放日/晚宴，引入“能量巴士”理念的学校之一。他们邀请家长到校参加免费晚餐，同时通过演讲和小品介绍“能量巴士”的规则。他们发现这种形式非常适合他们的校园社区，灵湖小学的策略也是如此。关键是要让家长以某种身份走进校园。我们建议许多“能量巴士”学校在年初的开放日期间，在校园内设立“能量巴士规则站”。每个站点由不同的学生管理，由他们向家长宣传“能量巴士”规则对每个人的影响。

虽然家长来学校参观很重要，但家里的沟通也需要优先考虑。多莉·米勒小学相信手写便条的力量，所以教师们被要求每9周寄回9张积极的明信片。林赛·伍德校长为所有教师提供文具。家长和学生对收到这些明信片的反馈非常好。许多家长将这些明信片贴在冰箱上，学生则将明信片挂在卧室的镜子上或放在活页夹里。

由于“学校能量巴士”项目适用于各级学校，我们也为参与该项目的初中和高中感到自豪。加利福尼亚州亨廷顿海滩的海景中学（Marine View）是我们的示范中学之一。校长莎拉·莎伊布拉（Sarah Schaible）利用“能量巴士”项目为她的校园注入活力，并打开了与初中学生的沟通之门。在整个学年中，她会定期与“本月能量巴士司机”见面，这是我们为当月参与“能量巴士”活动最多的学生设立的奖项。这为身为校长的她提供了一个与学生见面并进行小组交流的机会。他们会谈论“能量巴士”理念对他们的影响以及其他可能出现的问题。莎拉将午餐时间作为与学生沟通和建立关系的机会。像这样公开透明的交流是向学生表达爱的一种积极方式，这表明，在文化创建过程中，他们的声音和意见非常重要。

海景中学向他们学区的另一所中学——远景中学（Vista View）介绍了“学校能量巴士”项目。从那时起，远景中学就成为在校园内实施“能量巴士”项目的示范中学。我（吉姆）曾3次访问该校，参加过教师研讨会、学生大会，最近一次是在2023年秋季学期，和他们的学生领导力小组一起工作。

他们的校长拉希达·盖茨博士（Dr. Rasheedah Gates）邀请我再次来到学校，和30名才华横溢的学生领袖一起工作一整天。她希望“能量巴士认证学校”计划的第二年能够以学生为主导。通过让学生们发表意见，她要求我与他们一起践行“能量巴士”理念，并筹划学生集会。自主权是这一过程中的关键词。远景中学希望通过让学生在学校文化建设过程中拥有自主权的方式，来表达对他们的关爱。他们能够辩论、讨论并决定“能量巴士”计划在2023—2024学年如何在校园内运作。

多莉·米勒小学的林赛·伍德校长每天都通过广播告诉她的学生

她爱他们。她认为，校长为校园里其他人对待学生和教职员工的方式定下了基调。爱成为学校的工作内容和方式。林赛总是在广播中说：“如果今天还没有人和你说过我爱你，那么此时此刻就让我讲给你听——‘我爱你！’”那些能够在向学生表达爱和告诉学生爱他们之间找到正确结合点的学校，将会看到令人惊叹的成果。

爱和教育可以而且应该共存。当你邀请爱进入校园时，无论年级高低，你同时也一并邀请了积极、温暖和用心。爱在校园里是可以自行传播和感染的。爱通过微笑、言语和行动传播，并会启发他人将爱传递下去。在内心深处，我们都希望被爱和被欣赏，不仅是因为我们所做的工作，还因为我们的内心。我们希望被接受，成为文化的一部分。没有人想在校园里感到被边缘化。爱能搭建人与人之间的纽带。事实证明，“能量巴士”是实现这一目标的最佳载体。

通过合作和沟通表达爱

随着我（乔恩）的孩子们逐渐长大，我们每周都会举行一次增进彼此感情的家庭会议。现在，你可以看到吉姆一家试图与他们年幼的孩子交谈。在孩子们还是婴儿的时候，吉姆和他的妻子就坚持每天晚上在家一起共进晚餐，没有电视，也没有电子产品的打扰。即使在餐馆就餐，他们也有禁止使用平板电脑的规定。沟通是家庭的核心组成部分，因为这是真正增进情感的方式。与周围的人进行积极、持续的沟通，可以建立起稳固关系所需的信任。

沟通是建立良好关系的基础，良好的关系有助于建立良好的文化。成功的学校是真正合作的学校。我们通过合作的文化来表达爱，这样，每个人都能参与到共同的体验中。积极的校园文化不是靠权力结构和单打独斗建立起来的。我们的“能量巴士认证学校”已经展示了这一蓝图，我们的每一位学校领导都非常重视良好的沟通，分享他们的卓越愿景，并为实现这一愿景而共同努力。

用心倾听

爱护“乘客”和协力合作的一个重要方面就是倾听。传播学教科书《熟练的人际交往》（*Skilled Interpersonal Interaction*）建议员工每天花55%的时间倾听，管理人员每天花63%的时间倾听。倾听的技巧往往是沟通和文化建设过程中被忽视的环节。倾听是我们学习新信息和了解并满足周围人需求的方式。它可以帮助领导、教师和学生在需要时给予支持。倾听是一个心理过程，而听是一个物理过程。我们可能听到了一些东西，但没有做到真正的倾听。例如，在聚会和活动中，你可以听到周围的噪声和声音，但却无法做到对这些声音做出处理。倾听是指大脑注意接收到的声音刺激，并对这些信息进行处理。你要么将其归档以备将来使用，要么立即加以利用。在交谈中倾听的最佳方式是在对方说话时进行转述，提出开放式问题，并在头脑中记录下对方所说的话。你还可以通过点头、靠近和面部表情等非语言反馈来表达兴趣和关切。要确保这些都是真实的，因为人们在1公里之外就能嗅到虚假的味道。

我们倾听是为了表现出兴趣，获取信息，并更好地与周围的人沟通。在我们的“能量巴士”研讨会中，有一项很有影响力的活动叫做“SOLER”，即“坐下、打开、倾斜、注视、放松”（Seated, Open, Lean, Eyes, Relax）。参与者与其他人结成伙伴，并且两人事先确定好谁是A、谁是B。该活动规定A是讲故事的那个人，B在听故事的同时要刻意而缓慢地违反“SOLER”规则中指代的每个动作。在活动过程中，你经常会看到有人逐渐站起来、看手机、打哈欠、移开视线、在故事讲到一半时向后仰。当然，这一切都是游戏。然后，我们汇报活动情况。参与者说，尽管他们知道活动的内容，但还是觉得自己不重要，感受到了悲伤、愤怒，以及其他各种情绪。然后，我们再给他们1分钟的时间来讲完故事，但这一次，他们的搭档必须练习好“SOLER”。房间里的气氛立即发生了变化。这堂课的主要内容是与周围的人进行深层次沟通的重要性。倾听和良好的沟通是向他人表达你在意呵护他们的关键。

非语言沟通

用心倾听是第一步，其次是敏锐地意识到非语言沟通。几乎所有的沟通教科书和学者都会告诉你，沟通中有60%—90%是非语言沟通。这意味着，没有说出来的话比说出来的话更重要。非语言沟通指的是除字面内容和一个人所说的话之外的任何信息。它包括面部表情、我们说话的方式、我们走路的方式、我们装扮房间的方式、我们如何看待时间、肢体语言、手势，等等。它需要一个人从字里行间去解读，而不是只关注显而易见的内容，即一个人的言语。

帕特里克·米勒（Patrick Miller）在他关于课堂肢体语言的书中说，一位好教师也是一个好的倾听者。他倾听的不仅仅是言语，还有无声的信息，这些信息表明同意/不同意，注意/不注意，兴趣/无聊，以及学生希望被倾听的愿望。阅读和解读非语言信息需要经验，但也能让我们获得关于个人的非常丰富的信息。你可以真正看到和理解一个人的内心发生了什么。这样可以加强联系，因为人们只是希望被理解。并不是所有的感受都是显而易见的，但通常情况下，非口头语言能让

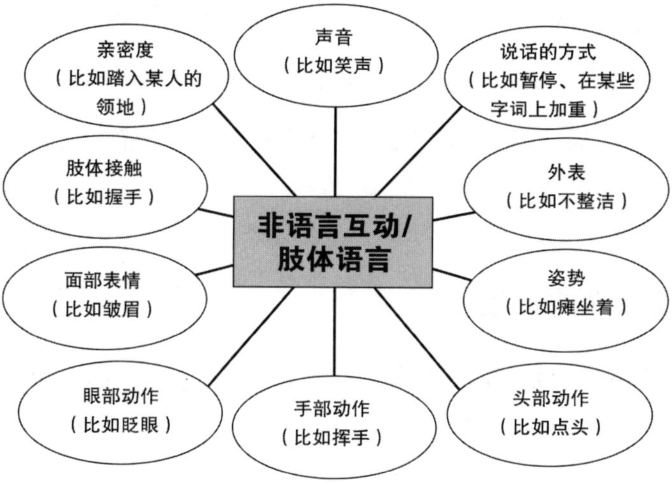

我们窥见他们的想法。

教师可以在课堂上使用这种方法，领导者也可以用此方法在会议上和教职员工进行一对一的面谈。花点时间提升沟通技巧，认识到我们可以通过用心倾听和解读非口头语言的方式向他人表达爱。当一个人感到被理解、被真正倾听时，他就会感到被爱。这将带来更多在不同层面上增进关系的机会。在处理校园负面情绪时也要考虑到这一点。难以相处的学生或教职员工的内心可能比表面看到的要复杂得多。人们并非生来就消极，也不会一觉醒来就说：“我今天怎么毁了别人的一天？”通常是过去的创伤或伤害导致了一些内心的纷争，从而表现出了消极、抱怨、出格、对他人或倡议缺乏关注或漠不关心。我们将在下一章对此进行更深入的讨论。现在，我们可以通过非语言沟通来认识到教师或学生身上发生了一些事情，我们需要向他们伸出援手，而不是忽视他们的需求。

有策略、有意义的互动

我们必须重视和包容校园里的每一个人，让他们感受到爱。我们在“能量巴士”和“积极领导力”培训中开展了一项名为“纸上交流”的活动。每位参与者都会拿到一张卡片，上面有一个问题。纸上交流活动的目的是让每个参与者都带着问题，向尽可能多的人提问并得到回答。每个人都在提问与交换回答中完成多次互动。这是培训中最精彩的部分之一，因为它能让人们站起来，动起来，聊起来，互动起来。我们总是问参与者你从别人那里学到了什么，或者哪些回答最令你印象深刻。人们喜欢分享他们学到的东西。我们会告诉他们将这些信息储存起来，当再次遇到那个人时就能调用这些信息。

在活动开始时，我们会让活动参与者在房间里环顾四周，询问他们有多少人出于某种原因从未与房间里的其他人说过话。令人震惊的是，即使他们所在的校区很小，也有很多人举起了手，有时举手人数甚至占了全场的一半。教育工作者与他人交流的次数远远不够。有些人可能会从后门进去，直奔教室，然后在一天的工作结束后离开教室。

虽然这有时是完全正常的策略，但不应成为常态。在一次培训中，有人告诉我，他们多年来一直和同一个人打招呼，但从未有过真正意义上的交谈。通过“纸上交流”活动，他们发现了彼此的共同点，对开始建立新的关系抱持欢迎态度。当你练习良好的沟通时，它会带来更多的联系、关爱和合作。

一对一的互动

关爱你的“乘客”集体是件好事，但一对一的联系才是长期成长发展的关键。建立关系需要时间，你不可能和校园里的每个人都成为朋友。然而，努力与办公室、教室或年级之外的不同人交谈，则表明一种协作文化正在形成。

史蒂文·罗格伯格（Steven Rogelberg）在《哈佛商业评论》上写过一对一互动对于管理者的重要性。在他的研究中，一对一的联系不仅是管理者角色的附加部分，而且是其基础组成部分。一对一会面可以使团队的日常产出更高效，更有助于建立信任和心理安全感。它们还可以改善员工的体验、积极性和敬业度。罗格伯格进行了3项研究，其中包括一项针对全球1000名员工的调查，一项针对美国

250名领导者或参与一对一访谈的人的调查，以及对《财富》100强公司50名高管的访谈。在对一对一会面有明确的期望的条件下，该研究支持在组织文化中使用这种会面。这些会面应该集中在员工的需求、担忧和期望上。管理者需要确保会面的进行，积极推动会面，鼓励真诚沟通，提出建设性的建议，并提供支持。这一过程中，关键是要成为一个推动者，让员工在会议中发言，提出问题。这就是“用心倾听”通过解释和回答问题发挥作用的地方。学会为理解而倾听。

无论校园里的教职员工人数有多少，领导者都可以有意识地安排和进行一对一的交流。我们建议每天与1—3名员工交流10分钟。随着时间的推移，每天这样做会建立良好的关系和良好的学校文化。我们也建议教师对学生这样做。研究结果显示，当学生和教师有更亲密的关系时，学生的课堂表现就会得到提升。此外，当教师与校长建立关系时，教师满意度也会提高。

正如多莉·米勒小学的林赛·伍德校长告诉我们的那样，“频繁而用心的沟通是创造一种让学生和教职员工感受到爱的文化的驱动因素”。从事教育工作并非易事，而且往往费力不讨好。教师和行政人员每天都在为学生的生活倾注心血。重要的是，教师和教职员工要知道，校方领导看到了他们，重视他们，关爱他们所做的一切。认真致力于创建一种充满沟通和爱的协作文化，是学校领导所能做出的最佳决策之一。

第6章

转变消极

听着，乔治，你离问题太近了，看不到问题所在。你把问题看得太个人化了。退后一点。不要把注意力放在这些人身上。忘记他们的名字。不要认为这是你和他们的对立。你要意识到他们代表的是你身后永远存在的负面情绪。重要的是要知道如何应对消极情绪以及如何处理它。

——《能量巴士》

我们的学校存在消极现象。这是我们必须正视的现实。即使是最成功的学校，也会存在一些负面情绪问题。即使在我们的"能量巴士认证学校"活动中，校长们也会向我们咨询如何处理遗留的消极情绪。我们一直在指导学校提供解决方案和资源。

如果消极情绪不受控制，它就会破坏领导和他们的学校所做的一切。不幸的是，当前社会，负面情绪似乎比以往任何时候都多。新冠疫情造成了压力、焦虑和倦怠的余震。在2022年6月的一个民意调查中，K–12教师的职业倦怠率是美国所有职业中最高的。每10位教师中就有4位以上指出，他们在工作中“总是”或者“经常”感到倦怠。这些教师将安全问题、薪资不丰、经济拮据和心理健康列为压力的主要来源。自2021年以来，大量学校对专业培训、研讨会和“学校能量巴士项目”的需求大幅增加。学校感受到了消极情绪的沉重，并希望投入努力改变现状。

不仅仅是教师群体感到精疲力竭。耶鲁大学情商中心在2020年初发布的一项研究发现，在针对21,678名美国高中生进行调查后，75%的学生自我报告了与学校有关的负面情绪。研究人员得出结论，学生们感到疲惫、压力和无聊。新冠疫情之后，无数学校领导与我们分享了他们想帮助学生管理心理健康和情绪健康的愿望。虽然改变在校园里蔓延的消极情绪并非一蹴而就，但是我们仍然愿意提供给学校一些方便实用的方法工具和解决方案。

转化消极的能量巴士

自从《能量巴士》在2007年出版以来，就吸引了一批学校的关注和兴趣，因为它帮助学校用积极的方式补充能量，消除消极情绪。这是我们创建“能量巴士认证学校”

活动的一个重要原因。我们希望为更多的学校提供更多的工具和资源来实现它们的目标。

多年来，我们的演讲者和培训师一直与全美各地的校长（有时是国际校长）就学校文化转型问题进行交流和咨询。许多人都填写了课程或演讲申请表。在表格中要求填写"其他意见/信息"的部分，教育界人士向我们详细介绍了他们学校的真实情况。经常出现的评论包括"需要火花""校园士气低落""厌倦了消极情绪""必须让每个人重回正轨""需要为每个人制定积极的思考策略"……经过短暂的电话沟通后，我们意识到，很明显，学校正在面对着前所未有的严峻挑战和消极情绪。

真正关心学校未来和方向的学校领导和教师会伸出援助之手，因为他们想改变学校里蔓延的消极情绪。许多教育工作者在寻找一本书或思想领袖时发现了"能量巴士"的理念，该理念能准确地表达他们的感受或经历。"它是可以改变生活的"，我们"能量巴士学校"的一位校长分享道。"能量巴士"的理念讲述了工作和生活中存在的消极情绪。一旦你读了《能量巴士》，你就会明白主人公乔治可以代表一所学校里许多不同的人和情况。乔治经历了一次转型，学校也可以。

能量消耗者

《能量巴士》这本书的开场白是这样的，主人公乔治一天早上醒来，

走到他的车旁，发现一个轮胎漏气了。他的妻子提醒他一定要把轮胎补好，这样这种事就不会再发生。正如很多人认为的那样，他的妻子是对的。不幸似乎无处不在，乔治总是态度消沉。因为消极，他感到孤独，总濒临在失去一切的边缘，包括他的家庭。

学校中的消极情绪是真实存在的，并且以多种形式存在。最明显、影响最大的是消极同事的行为。有些人每天带着消极态度和具有病毒式传播的负能量来到学校。由于工作、压力、消极的原生家庭、制度问题或缺乏支持，他们的默认心态就是消极模式。有些人因面临未解决的生活困境与挑战而陷入身心俱疲的状态，这种状态使他们不自觉地消耗身边其他人和学校的积极能量。

有一次我（吉姆）在一所学校发表演讲前，校长把我拉到一边，告诉我学校里有几位教师为了抱怨和闲聊，在各个教室间来回走动。这位校长知道这会导致整个学校士气低落，她想创造一种文化来消除这种行为。

无论导致人们产生消极行为背后的问题是什么，它们都是学校渴望创建积极的专业发展的一个重要起因。造成这种现象的原因有很多，比如人们迫切关注的包括教师工资、班级规模、课程设置以及缺乏家长支持等一系列问题。然而，如果我们以消极回应消极，问题就得不到解决。许多外部因素是我们无法控制的。我们能控制的部分是我们的态度和行动。我（乔恩）在取得教育学硕士学位的过程中曾在一所学校任教。那是我第一次教书，和我在一起工作的是一群诉苦无休止的教师。当时我就在想，如果这就是教学，那我不想参与其中。多年后，这段经历转化为我消除学校消极情绪的动力，也是我如此热衷于这项工作的原因。

从文化层面开始

消除消极情绪首先要从文化方面入手，讨论消极情绪的代价和有害影响。我们建议学校领导在学年开始时就讨论消除和转变消极情绪的问题，然后在全学年会议上强化这种理念。一位学校领导告诉她的教职员工：不要与同事或者学生分享你的消极情绪，因为这会破坏我们影响学生人生的使命。我们不能让消极情绪瓦解了我们的教育理想。

改变我们的学生

学校也应该像教师帮助学生转变消极情绪那样，克服校园里蔓延的消极情绪。如前文所述，75%的美国高中生自我报告了与学校有关的负面情绪。学生们感到疲惫、压力和无聊。这项研究表明，学生在学校的感受会影响他们的学习成绩和身心健康。作为教育工作者，我们可以以积极的方式影响学生的信念、心态和思维方式。

佐治亚州一所新加入“能量巴士认证学校”活动的高中认为，他们的学生需要学习更多关于个人责任、友善待人、情绪管理的知识。在我们专业发展课程开课的前两天，学校爆发了一场激烈的冲突。一位勇敢的教师出面缓和了局势，她参加教职员工研讨会时手上还带着护腕。教师们说，学生们需要找到宣泄他们的想法和消极情绪的更理想的出口。这所学校希望引入“学校能量巴士项目”，以便在校园出现需求时能够稳定而持续地发挥积极作用。虽然大多数与会者都认为亟需更好的心理健康咨询和干预，但有时因为资金不足和人员短缺等客观原因，这些合理的需求无法得到满足。这所高中希望“学校能量巴士项目”能让学生和教职员工重新关注正向思考和积极行为。

实现这一目标的方法之一是校长在他们成为“能量巴士认证学校”后开始的一项实践。在从该项目和格里·布鲁克斯（Gerry Brooks）等作家身上找到灵感后，校长决定为他的校园打造赞美笔记本。

一位教职员工写下对同事的赞美之词，然后将本子放进夸赞对象的信箱里。收到赞美笔记本的人要另找一个同事重复上述过程。截至本书发稿时，校长说已有4本这样的赞美笔记本在校园里流传。其中一个笔记本甚至被送到了地区办事处，在那里得到了进一步的善意传播。

校长告诉我，他们想要每天实践“学校能量巴士项目”和该项目倡导的主题。如果他们的目标是在学校创造积极的校园文化，他们需要积极寻找方法来做到这一点。赞美笔记本在团结教职员工、让每个人都感受到自己的价值方面发挥了巨大的作用。

加州的中学，如海景中学和远景中学，都是“能量巴士认证学校”，它们都不断尝试让学生参与到关于学校文化的对话中来。这样，领导层就能把握学校的脉搏，他们可以调整自己的计划，甚至是“能量巴士”计划，以应对学校不断变化的情况。事情每周都在发生变化，那些卓越的学校会对这些变化采取及时行动。

反霸凌

“学校能量巴士项目”旨在直接解决学生生活中的消极和欺凌问题。美国卫生部公共服务部门管理的反霸凌网

站报告称，全美12—18岁的学生中有20%经历过某种形式的霸凌。有两种最常见的霸凌方式，一种是让受害者遭受谣言或谎言，一种是侮辱他们。随着社交媒体的兴起，15%被霸凌学生表示霸凌经常发生在网上。这促使美国每个州都颁布了反霸凌法。

作为教育工作者和家长，保护我们的孩子是应当优先处理的事项之一。这是一项让父母夜不能寐的育儿使命。父母应该能够放心地送孩子上学。如果孩子们没有安全感，他们就无法安心学习。“能量巴士”项目认识到了这一需求，并加入了针对反霸凌的讨论和活动。

学生彼此会在教室里、在家里，开诚布公地交流校园霸凌和消极情绪所带来的感受，并讨论应对二者的方法。能量巴士认证的小学会张贴“不许欺负人”的严禁霸凌的宣传海报，并教育学生学会避开霸凌者，并告诉别人。我们不希望学生默默承受痛苦。他们应该学会意识到自己是校园文化中的一部分，这种文化允许他们将自己的需求放在首位，这样他们才能感受到安全，并能与教师和管理人员建立真正的联系。他们需要知道的是，如果他们向成年人反映与消极或者霸凌有关的问题，会有人帮助他们。

未被满足的需求

心理健康仍然是美国教育重点关注的事项。当前，学校比以往任何时候都更加关注社会情感方面的举措，获得该方面的资金也日渐容易。根据美国学校顾问协会（American School Counselor Association）的说法，学生未得到满足的心理健康需求对他们的学习和发展构成了障碍。我们看到，学校正变得更加积极主动地帮助有心理健康问题的学生和教职员工。据凯撒家庭基金会（The Kaiser Family Foundation）报告，2022年，96%的公立学校表示至少为学生提供了一种心理健康服务。然而，这些学校中只有一半的学校认为他们能够有效、持续地提供这些服务。在帮助教职员工和学生解决心理健康问题方面，我们学校内部还有很多工作要做。“学校能量巴士项目”在此方面提供了有用的工具。

许多问题源于未被满足的需求。人们要么不愿意处理这些需求，要么没有意识到这些需求没有得到满足。任何一种情况都会导致消极和沮丧情绪以不健康的方式表现出来。“能量消耗者”之所以存在，是因为驱使他们变得消极的因素一直存在。他们身边可能一直缺乏正向的榜样。我们总是会受到周边环境和过往经验的影响。一个与教职员工和学生保持步调一致的学校，能快速捕捉到未被满足的需求，并努力制定计划来满足这些需求。

在“学校能量巴士项目”的宣讲活动中，我们谈论了很多未被满足的需求以及它们造成消极影响的后果。参与者分析他们对接下来讨论的5种需求（情感连接、接纳、正面评价、自主和能力）的感受，并根据他们最想要的程度对它们进行排名。重要的是，让他们看到，什么可能会导致日常生活中的困扰或焦虑。

情感连接

大多数人都渴望某种类型的情感连接。我们希望在身心方面与我们的工作、与他人、与社区保持联系。当我们连接在一起时，我们会感到安全。当孩子们还小的时候，有慈爱的父母在身边，他们就会感受到爱与安全。成年人也需要安全的人际关系——在工作中——当他们找不到安全的人际关系时，就会觉得沮丧、孤独和空虚。

接纳

人类最强烈的需求之一就是被周围的人所接纳。这并不意味着普遍接受，即使我们做出了错误的选择，我们仍然会被接受。它意味着接受我们的为人和我们的信仰。有很多人感到不被接受、不被倾听、不被认可，而这些会导致愤怒、沮丧和隔阂。

正面评价

我们真心希望得到别人的喜欢和赞美。这就是正面评价。莎莉·菲尔德（Sally Field）在她1985年奥斯卡获奖感言中感叹道："我无法否认你们喜欢我的事实。现在，你们真的喜欢我了！”莎莉·菲尔德的演艺生涯可谓不走寻常路。在20世纪60年代初，她一直在努力争取被接受和邀请参加试镜，直到1980年首次获得奥斯卡奖。第二次获奖让她真正相信，好莱坞对她的评价是正面的。正面评价让我们期望他人喜欢我们。

自主

尽管学校是一个由不同的学习者和个人组成的社区，大家朝着一个共同愿景努力，但我们仍然希望掌控自己的个人生活。我们希望能够做出自己的决定，管理我们的教室，而不是感到被过度控制。过度控制会导致叛逆，所以允许别人做自己，扮演好各自的角色，承担相应的责任，会带来更高的参与度和更强大的团队。学生和教职员工需要自己做出选择，成为学校文化和积极发展的一部分。

能力

人类的另一个主要需求是知道自己擅长做什么。重要的是，我们要知道，而且别人也要知道，我们在工作中，在扮演丈夫、妻子、兄弟、姐妹、朋友等角色时都是出类拔萃的。在美国，很多人十分看重工作、生产力和成就。当人们第一次见面时，首先会问的问题之一就是："你是从事什么行业的？"这无疑会引出许多问题，而且往往会引出对彼此职业的相互尊重和钦佩。毫不意外的是，每次我（吉姆）与全美各地不同的教育工作者进行5类需求排序的活动时，"能力"通常是教育工作者最渴望的需求。第二个需求是"自主"。

我们开玩笑说，大多数教师都希望别人说他们工作出色，然后就不会再烦他们了！但事实上，我们需要满足自己的所有需求，当我们做到这一点时，学校里的负面情绪就会减少。话虽如此，但消极情绪总会持续存在，因为我们并不完美，消极情绪始终是我们旅程和故事的一部分。每所学校都必须克服消极情绪，才能定义自己，创造未来。解决消极因素刻不容缓。

消除消极情绪

在处理消极情绪时，有了基础就会容易得多。纽约贝斯佩奇的中央大道小学一直是我们的"能量巴士认证学校"的示范学校之一。他们的副校长朱莉安娜·英吉泰拉（Julianne Inghilterra）提到，学校尊重积极文化是一个良好基础，对转变校园中的消极情绪作用显著。由于自主性是人类的主要需求，她提到了她的行政管理团队懂得个人需要被倾听的道理，也知道每位教职员工表达意见和想法的重要性。他们的校园文化就是在消极情绪郁积前对其进行及时处理。

以下是“能量巴士”示范学校用来解决消极问题的策略：

带能量消耗者沐浴阳光

正如前文提到的，许多消极人士在他们的生活中经历了很多消极的事情。也许他们的父母不善沟通。也许配偶或其他重要的人经常抱怨，非常刻薄。在整个过程中，对他们进行指导是至关重要的。在人际关系方面建立坚实的基础，会向人们表明，反馈是为了帮助他人成长，以及成为更好的人。“能量消耗者”需要被带到太阳底下，需要被指明道路。消极情绪总是躲在阴影里，躲在角落里，躲在别人背后。当我们把消极情绪带到太阳底下时，我们才能应对它，管理它，然后继续前进。

学校必须解决负面情绪问题，让“能量消耗者”沐浴阳光，永远不要对自己的愿景失去希望。南康威小学知道他们必须立刻处理逐步扩散的负面情绪。他们向处于困难时期的人伸出援手，试图提供尽可能多的支持和鼓励，解决他们遇到的任何问题。他们与所有的员工团队建立了如何在一起工作的规范。他们的殷切期望推动他们及时发现了存在于校园中的消极情绪，他们深知此类负面情绪问题会得到有效处理，而这将有助于学校在未来处理各种矛盾和冲突。所以，学校在处理这些消极情绪时应开诚布公。

重新训练我们思考和处理的方式

在转变过程中，不只是那些消极人士需要指导。正如我们之前提到的，它始于文化层面，学校领导需要与每个人沟通处理消极情绪的期望。教育工作者必须在如何与他人相处的思维方式，以及如何管理自己的思维和情绪等方面得到系统训练。

南达科他州罗斯福小学的希瑟·德波尔（Heather DeBoer）在融入教职工生活方面表现非凡。他们专注于设定明确的期望，并制定适当的计划来应对消极情绪。他们的宗旨是建立在积极人际关系的基础上的。她认为，当需要进行艰难的对话时，不要把责任归咎于任何人，这一点很重要。人们不应该害怕这样的对话，也不应该以惩罚的眼光看待问题。在这所小学，学校领导可以指导教职员工如何变得更积极，如何处理消极情绪。为了帮助学校培养积极文化，我们在研讨会上教授他们的教职员工如何拥有更积极的心态，以及如何消除消极情绪。

亚利桑那州的沙景初中和高中每天都在努力改变校园里的消极情绪。他们已经是一所很棒的学校，但还想变得更好。据副校长杰琳·哈克曼（Jayleen Hackman）说，每周发送积极的电子邮件可以鼓励教职员工，让他们知道学校领导对他们的赞赏。他们强化积极的一面，就会淡化消极的一面。

推进困难的对话

训练指导是一个持续的过程。运动队会在季前、季中和季末提供教练服务。优秀的教练会寻找多种方式来影响队员的生活。教练希望团队中有全面发展的运动员。学校领导希望他们的学校团队中有全面发展的教育工作者。这意味着在需要时进行教练对话，这也往往意味着要进行艰难的对话。

每个人处理冲突和挑战性谈话的方式都不尽相同。这些谈话包括严肃的行为谈话、对教学的一般性反馈、针对态度或士气低落的讨论，或任何可能引起不适的谈话。在校园里，并不是每一次谈话都是赞美性的。我们需要有建设性的对话和透明化的沟通，以取得进步。

在我（吉姆）的许多校园演讲中，我都会要求大家在讲到消极情绪管理和冲突管理时站起来。我站在房间中间的椅子上，举起一个写着“冲突”的牌子。我请大家根据自己对进行困难对话的舒适度，或靠近或远离我。就像蜘蛛结网一样，与会者移动到房间的各个角落。有些人就站在我的附近，这表明困难的谈话不会让他们感到害怕，而有些人则站得远远的。一位教师甚至离开了教室，躲到停车场的车里。还有一位教师跳上一个手推车，把自己推到一个角落里。还有一些人躲在窗帘后面，或者背靠背地站在我身边。我总是提醒大家环顾四周，看看他们的同事和行政管理人员都站在哪里。这有助于他们理解为什么他们有时会做出这样的举动。这是我们最喜欢也是最能让员工大开眼界的活动之一。为了让困难的对话不再那么困难，我们建议学校领导在与教职员工对话时，让他们讨论教学楼里的“大象”，并同意在讨论

这些问题时管理好情绪能量。要想更好地进行困难对话，最好的办法就是进行对话并从中成长。乔恩·戈登（Jon Gordon）和艾米·凯利（Amy Kelly）创建的STAR3模型很有帮助。

STAR3模型

S：小自我，大使命。我们>我。

T：真实。在爱的关系里说真话，才能过得更好。

A：假设动机是积极的。不要往心里去。管理情绪能量。不要进行人身攻击。

R1：记住最重要的是人际关系。

R2：尊重你的团队和过程。讲真话，培养尊重，重视真理。

R3：参与规则。为你的团队制定具体的参与规则，以积极的方式应对困难对话。

不抱怨规则

在《能量巴士》获得成功之后，我（乔恩）写的下一本书是《不抱怨规则》（*The No Complain Rule*），这本书的另一个理念对许多组织产生了持久的影响，包括寻求改变消极情绪的学区。

德怀特·库珀（Dwight Cooper）是一家护理人员机构的联合创始人，他创立了美国发展最快的公司之一。《公司》（*Inc.*）杂志将他的公司评为全美最适合工作的公司之一。德怀特说，他们成功的很大一部分原因是制定了一项消除无谓抱怨的政策。他称之为“不抱怨规则”，因为即使是轻微抱怨也会破坏企业文化。他的公司规定很简单：除非你能提供一两个可行的解决方案，否则你不许抱怨。这些抱怨必须提交给能解决问题的合适人选。

德怀特消除了无意识的、微妙的抱怨，但不是所有的抱怨。每一次抱怨都提供了一个将消极转化为积极的机会。一些抱怨可以成为创新和新方案的催化剂。每一个读到本书的人，都会为有人抱怨户外厕所而开发出室内管道而感到高兴。

学校都很喜欢“不抱怨规则”，因为它会将抱怨和消极情绪放在突出位置，并宣布在他们的校园里消极情绪不会有立足之地。多年来，许多学校都学习阅读了“不抱怨规则”，并在校园内也作此规定。这表明，我们愿意、努力并计划解决无谓的抱怨，同时利用合理的抱怨来创造解决方案和创新。

别害怕积极过头

学校里的每个人都必须有一个共同的目标，那就是建立积极的校园文化。这将让这所学校成为一个理想目的地——吸引最优秀的教师愿意在这里工作，吸引家长愿意参与到学校这个社区中心的活动中来。理想目的地是一个积极、温暖的地方，在这里，每个人都能感受到被重视、被倾听、被理解。

一位新校长开始着手创建这样的学校。年初，他让每个人都读了《能量巴士》一书，并将其中的原则融入谈话、教职工会议和公告中，每个人都决心将学校打造成一个积极向上之地。

嗯，我们应该说是几乎所有人，因为有一位教师告诉校长："你还没来这里任职前，我就在这里教书了。你任期到了离开这里，我也依旧在这里工作。我一直都是这个样子，我不会改变的。"换句话说，她不会改变，不会变得积极。她会一直执迷于消极文化中。

校长打电话给我们，问对她该怎么办。除了颁布文件之外，我们还说要继续建立强大的文化，让所有没有活力但也不消极的教职员工和你一起"上车"。这位教师如果不适应，她自己就会选择"下车"。于是，这位校长听从建议，开始发挥影响力。

校园里的每一次互动都以目标和积极的态度为基础，重点强调教师发展、团队合作和人际关系。他们全年都在使用《能量巴士》中倡导的理念。学年结束时，那位消极的教师找到校长说：“我再也不能在这里工作了，因为这里太积极了！”最后，她让自己下了车。第二年，学生士气高涨，成绩突飞猛进。

“让合适的人上车”至关重要。当你需要让某人离开，或者他们让自己下车时，你一定要顾全大局，允许他们下车。一个人有时可以毁掉一个团队，我们不能让任何人持续散布的消极情绪破坏我们的事业。所以，永远不要害怕创造一种“积极过头”的校园文化。真正的积极和摆脱消极永远会让你的学校变得更好。

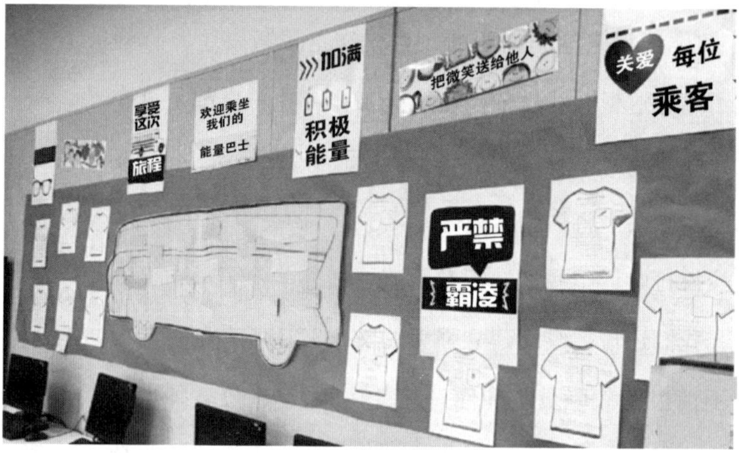

第7章

带着目标补充能量，重新振作，重新集中精力

目标是我们人生旅途的终极燃料。当我们带着目标驾驶时，我们不会感到疲倦或无聊，我们的引擎也不会熄火……记住，是你在驾驶着这辆巴士。你拥有最好的视野和愿景，所以你也需要与乘客沟通你的愿景和目标。

——《能量巴士》

一旦有了转变和管理校园消极情绪的计划和心态，学校就需要重新聚焦目标。学校每天所面临的独特挑战会随着时间的推移而加剧。如果心态不集中、不振作，我们的油箱就可能空空如也。尽管我们尽了最大努力消除消极情绪，但压力和倦怠感仍会时有发生。正是在这些时候，我们需要带着目标补充能量，重新振作，重新集中精力。

纽约州贝斯佩奇的中央大道小学致力于不断帮助教师重新聚焦目标，教导每一位教师都要以目标为引领，要注重在校园里与其他师生的每一次互动，因为互动既能提振人的精神，也能打击人的信心。这所学校的一些教师认为，他们的目标是成为“激发者”。除了教书育人，他们还希望投入各种关爱来振奋周围人的精神。中央大道小学深知，改变会带来不适（将心态从消极和焦虑调整到目标和成长，有时的确让人感到不舒适），但他们认为，这样的不适感也没关系，因为它终将带来积极的成长。这就是积极的学校文化和积极心态的巨大作用所在。

总有那么几天

我们从多个层面了解现代校园生活所面临的挑战。在此之前，我们探讨了校园消极情绪和挑战的来源。我们也在各个社交媒体上关注了一些幽默和模仿类的内容创造者。所以，有的时候可以多留意一些能让你获得乐趣的富有创意的内容，尤其是和你的工作领域相关的。说到教师和以教育为导向的内容，在很多账号里我们不乏关注。我们在社交媒体上刷到了一条短视频，开头是阿巴乐队（ABBA）的歌曲《S.O.S.》，歌词是“It used to be so nice”（它曾是那么美好），展示经典电影中的快乐场景。接着，屏幕上闪现出“教师们走进2019年”的字样，画面就像多萝西在黄砖路上蹦蹦跳跳，或是约翰·特拉沃尔塔在《周六夜狂热》中快乐地大步流星一样。突然，视频切到了“教师们走进2020年、2021年、2022年、2023年”，歌词是“所以当你靠近我的时候，亲爱的，你能听到我吗？”，之后闪现了一些《异形》《华尔街之狼》《洛奇》《小丑》和《伴娘》等电影中没那么欢乐的画面。后几部电影中的大部分主角都处于危险之中，或者看起来非常疲惫，或者快步逃走或者躲避什么。这条短视频让人捧腹大笑，也引得大家纷纷转发分享。

一些评论说，这条短视频一针见血，收获很多“喜欢”和“点赞”。现在有很多人在谈论疫情前时代的“光辉岁月”和“过去并非如此”。教育工作者需要得到尊重和认可，因为我们相信他们从事的是这个星球上最具挑战性但也最有意义、最有影响力的职业。在很多日子里，他们会看到学生的笑容，或是第一次接触到某个知识点时发出“哇”的惊叹声，或终于理解所教授知识后的恍然大悟。有些时候，这一切都是值得的。但有的时候，也会冒出放弃的念头。

总有那么几天，你根本不想来学校上班。总有那么几天，你会遇到比你想象中更多的挑战。总有那么几天，学校的行政管理者不想在走廊里巡视，不想微笑、握手、交谈。家长可能会打电话或发电子邮件反复询问同样的问题，尽管学校已经回复了5种不同的沟通方案。总有那么几天，你会忘记吃饭、喝水，甚至在一天中的某些时间里忘记微笑。总有那么几天，你需要看一部电影或刷刷短视频来休息一下，这并没有什么不对。总有那么几天，突发危机似乎接踵而至，而你却不知道如何才能从中恢复。总有那么几天，学生们变得吵闹，不听劝告，这些可能会反映出一些家庭教育的问题。我们无法控制家里发生的事情，尽管我们希望可以。总有那么几天，保持积极并不是当下最容易或是最自然而然采取的态度。正是在这种时候，我们必须要发掘更伟大的目标。毕竟，作为一名教育工作者，没有比影响学生生活、帮助他们创造美好未来更远大的目标了。

某个基金会透露，88%的人表示，教师对他们的生活产生了积极而又深远的影响。同一项研究表明，83%的受访者表示，他们的教师帮助他们建立了信心和自尊。每位教育工作者都会经历“总有那么几天”的时刻，但我们的目标会让我们重新充满活力，重新聚焦目标。所以，请你千万别忘记你来学校工作的初心和目标，你确实可以有所作为！

播下种子

名人、运动员、演员、音乐家和影响力人物可能会因为帮助他人做慈善工作而获得很多荣誉；然而，你不一定要足够出名才能产生影响。你只需要有目的地为他人提供服务，这样，你就会对他人产生巨大的影响——一种真正的影响，人们会把你个人产生的影响当作你的精神遗产来铭记。作为教育工作者，请让你的目标根植于影响一届又一届的学生，他们的生命中离不开你的帮助。他们可能不会记住每一堂课的内容或你讲述的每一个概念，但他们会记住你在他们生命中非常重要的时刻给予他们的支持和鼓励。

我们不会因所做之事而感到精疲力竭；如果哪一刻我们感到精疲力竭，一定是因为我们忘记了自己这么做的初心。作为教育工作者，牢记初心是很重要的。要一直铭记当初选择从事这份事业的理由。像一颗种子一样每天为自己播种一次，专注于创新和改变，你就会成长为你想要成为的那个改变生活的人。相关研究清楚地表明，当人们用自己的优势和天赋去实现超越自我的更大目标时，他们就会重获能量。所以，在你感觉不积极的日子里，回想一下你的目标，它会给你积极的反馈。

肩负使命的学校始终牢记目标

优秀的学校和学校领导经常不断地谈论他们的目标和使命。他们确保每个与校园有关的人都知道他们每天来学校的目的，以及他们最初进入教育行业的原因。亚利桑那州沙景初中和高中的使命是：用知识育人，用品格赋能，让学生为生活做好准备。他们告诉我们，他们希望学生成为正直的人。塑造品格和表达善意是沙景学校的核心价值观。这一使命使其成为“能量巴士认证学校”，因为我们的原则与他们的使命不谋而合。沙景学校懂得其办学宗旨所代表的意义，并向教职员工强调他们的目标是如何与学校使命联系在一起的。

一些学校刚刚开始了解自己的办学宗旨。有些学校决定将“积极”或“团结”作为使命宣言，所以他们引进“能量巴士”的书和项目来指导工作。得克萨斯州凯旋公立高中（Triumph Public High Schools Group）的一所特许高中利用“能量巴士”，在教职员工间建立了牢固的纽带，这让他们拥有了更强烈的认同感。他们知道自己想要代表什么，那就是重新关注文化。他们过去也做过校本研究，但没有一个像《能量巴士》那样成功或有影响力。校长告诉我们，这是他们第一次让几乎每个教职员工人手一本书，真正实现共读和做笔记。每位教职员工在参加第一次员工会议时，都带着自己标注好的书，几乎每本书里都贴满了便笺，划满了重点。校长知道，他们的方向是正确的。

南康威小学也是一所拥有明确目标的学校。他们的校长利昂·海斯告诉我们，他认为目标就是我们为什么要做这份工作，教育是我们的使命所在，它是一种召唤。他也知道自己的目标和使命，并向他的教职员工强调这一概念。南康威小学坚信，要帮助孩子们不断成长、学习，并为他们创造机会，培养思考力和解决问题的能力。他们希望对孩子进行全面教育，包括他们的社会情感健康教育。他们的使命是在校园里不断开展积极的活动和对话。他们的校长有意与校园里的每个人建立牢固而有意义的关系。他们的目标在他们所做的每件事上都闪耀着光芒。

桃李的馈赠

积极的学校了解并欣赏他们所产生的影响。影响不断激发目标。积极的影响可能是某人选择进入教育行业的主要原因。在阅读本节内容时，你一定能想到一路相伴、随时向你伸出援手的优秀教师。许多教育工作者通常都能找到一位激励他们进入教育行业的资深教师。一个班级中，总有那么几名学生可能会根据与某位老师相处的经历而选择成为一名教师。作为一个整体，教育行业需要不断赋能那些积极的教育工作者，让他们感受到自己的使命，了解自己在未来这一行业里还能有更伟大的建树。

行政管理人员和教师可以共同改变围绕教育的对话方向。他们可以建立牢不可破的文化纽带，从而激发新一波想要进入这一职业的年轻教师。当你为自己的目标而活时，你会产生深远的影响。

某个基金会最近的一项研究显示，79%的学生说他们有一位鼓励他们追求梦想的老师。如果没有与老师这份友好相惜的真情，学生可能不会追求自己的梦想。在双方自信和自在地讨论梦想和未来目标之前，必须有相互的信任和理解。这显示了教师对学生的影响。《教育周刊》揭示了，从幼儿园到12年级，学生们在课堂上的学习时间超过1万小时。互动的每个小时都是学生决定他们将来想要做什么以及他们想成为什么样的人的关键。在进入新学年的时候，回想一下这个“1万小时规则”。虽然似乎有无数个1小时可以产生影响，但请在第一天就开始设定愿景，建立纽带，实现我们更远大的目标。

强化目标

确保教育者在目标中扎根的最好方法之一就是在整个学年中强化目标。学校领导需要在教职员工会议和一对一面谈上制定策略，询问教师他们的意愿，并强化“能量巴士”原则——“带着目标驾驶”。与此同时，日常要应对很多需求的学校管理者，也需要回到自己的目标上来。一些领导者会把他们的使命或目标宣言张贴在办公室的墙上、桌子上，甚至有的人还设置成了电脑壁纸，以不断提醒自己要坚持目标。

佛罗里达州杰克逊维尔市圣约瑟夫天主教学校（St. Joseph Catholic School）的校长罗宾·费西特（Robin Fecitt）认为，持之以恒是成功的关键。一所学校如果有一致的举措和策略来应对校园需求，将永远处于领先地位。整个夏天，罗宾给了她的教职员工充裕的时间阅读《能量巴士》一书，因为她对其中的故事和原则充满热情。她知道《能量巴士》可以帮助建立她的校园文化。在她的教职员工会议上，她让教职员工相互讨论和分享他们的目标，也是她一直在强调的。

这是一种强有力的实践，我们建议学校领导要求每一位员工和教师谈论他们自己的个人目标。这是一个坦诚又开放的机会，可以分享他们的目标，且有助于保持你和学校的目标。当教师或职员通过行动实现他们的目标时，他们也应该得到认可。当学校行政管理人员和教职员工也在践行自己的目标时，教师也可以帮助表彰他们。这样才能真正形成一个以目标为导向的教育工作者群体。

聘用时以终为始

每所学校都有自己的使命宣言，但只有优秀的学校才会让教师和员工肩负使命。 在招聘教职员工时，你要聘用那些以使命为导向、以目标为动力的人，让践行自己的使命成为每个人的工作。

宗旨、使命和愿景可以纳入招聘和对感兴趣的应聘者的后续提问中。华盛顿山中学校长蒂姆·里德利感受到了2022—2023学年教师资源匮乏的影响。这种情况困扰着美国成千上万所学校。然而，蒂姆拒绝“随便聘用”任何人来填补职位空缺。他也没有从教师那里得到某个职位需要立即填补的感觉。一些人选择挺身而出，因为他们知道自己的使命是为学生服务，创造积极的校园文化。蒂姆在每月一次的“能量巴士认证学校”培训电话会议上提到，有些空缺职位之所以没有被填补，是因为还没有物色到合适的人选。优秀的学校会根据自己的文化，聘用扎根于目标和使命的人。这些人应该是雄心勃勃的教育工作者，他们渴望为下一代服务，并对他们产生重要影响。

目标帮助你在变化中茁壮成长

我们必须驾驭变革的浪潮。如果我们不这样做，同样的浪潮将会袭击我们。如果死亡和纳税是人生中唯一100%确定的两件事，教育工作者们也应该知道，他们也可以几乎100%确定，变革是教育的一部分。当2020年3月新冠疫情暴发时，美国的每所学校都面临着变革。像许多学校一样，南康威小学在这个转型时期奋起，以满足学生的不同需求。他们的教师很有韧性，在课堂上为需要帮助的学生和监护人提供日常支持。领导团队加班加点，为教职员工和学生提供支持和资源，以克服这一特殊时期面临的各种巨大挑战。它让整个学校社区重新思考他们如何开展在线教学。

那些克服了线上学习挑战的学校之所以能做到这一点，是因为他们拥有一支由目标驱动、致力于让学生成功的团结队伍。他们知道他们的使命是让学校里的所有人得到教育，他们必须比以往任何时候都更加努力地继续与学生保持联系。这是教育史上独一无二的挑战，但目标会激励人们经受每一个挑战、环境和规则变化。来自美国各地的家长都很感激有创造力、敬业奉献、目标明确的教职员工，他们在这段时期尽全力缩小与线下教学的差距，甚至使线上教学实践比线下教学还完美地得以实现。虽然由于线上教学的独特环境，一些差距不可避免仍旧存在，但由于学校的非凡努力，学生们才可以顺利渡过难关。

沙景初中和高中透露，进入2021—2022学年，学校发生了很多变化，但它们仍然专注于它们的最终目标。两所学校帮助与教职员工沟通发生变化的原因，以及它们将如何帮助每个人完成学校的使命。两所学校把使命、愿景和目标放在第一位。尽管一开始并不顺利，但他们的坚毅和帮助学生的愿望激励着每个教职员工找到自己的最佳状态，创造出一种强大的校园文化。副校长杰琳·哈克曼承认，学校仍在努力探索，但正朝着正确的方向前进。作为我们的“能量巴士认证学校”，两所学校一直是能够坚持使用课堂活动指南和参加培训电话会议的榜样，它们把目标和使命永远放在第一位。

变化也是影响学生的另一个方面，因为焦虑和恐惧常常伴随着变化。对“能量巴士”上的每个人来说，改变意味着一段通往未知的旅程。如果你信任你的领导和你身边的乘客，你就会愿意踏上这段旅程。作为“能量巴士认证学校”活动的一部分，我们与学生一起探索他们的目标。

“能量巴士”原则——“带着目标驾驶”鼓励学生思考这个概念，并以一种适合他们年龄的方式将其应用到他们的生活中。

“能量巴士认证学校”的初高中学生在多个层面上开展“带着目标驾驶”的学习活动。他们被鼓励在生活、学校和家庭中寻找目标。我们希望学生看到，无论他们走到哪里，他们都能为更伟大的事业做出贡献。青少年时期为学生提供了一个很好的机会，让他们开始探索自己为什么来到这个世界，以及自己能为这个世界做些什么。优秀的教师会帮助推动这一进程，并分享生活中的多种可能性。在这个过程中，每个人的角色和行动都很重要。

在目标中扎根

目标可以从一颗种子开始，在大脑和日常行动中生根发芽，长成一棵赋予目标生命的参天大树。重要的是，所有的教职员工都要把自己扎根在学校和目标中，并笃信：这是我的学校！这是我们的学校！它由我们建造！

很多“能量巴士认证学校”变革的开始，都是源于某位教师向校长推荐《能量巴士》这本书，而后校长才决定将书中的课程视为他们学校文化的基础。当教师们扎根于这些原则，并渴望实现目标时，学校才真正经历了发展和成功。

幸福不是来自我们所做的工作，而是来自我们对所做工作的感受。

我们思考、感受和对待工作的方式会影响我们在工作中的幸福感。教育工作者会在他们决定快乐的地方快乐。他们扎根的地方就是他们发展壮大的地方。在一所积极的学校里，教育工作者会积极投入，参与委员会和社团，参加会议，与家长和社区成员搭建纽带，并推动“巴士”朝着一个光明而又令人兴奋的未来前进。你可以选择快乐和参与，努力建立一种积极的文化，当然你也可以不这样做。有很多事情是教育工作者无法控制的，但幸福是带着激情和目标生活和工作的产物。你可以选择幸福，也可以选择这样做。

所以，让你的教职员工“上车”，“带着目标驾驶”。请记住你的动力之源，创造有助于你实现和分享你使命的符号、宣言和警句。你面前、教学楼和教室里的这些学生就是你的使命——尽一切可能牢记这一点，切勿忘记。当你创建了一支由目标驱动的“巴士”车队时，你将开启一段新的人生篇章。

第8章

创建一个巴士司机车队

“在巴士上肯定更有趣”，乔伊说，给了乔治一个灿烂的笑容。当她踩下油门，驶向下一个站点时，他微笑着回应她。下一个站点，有人在等着搭乘“能量巴士”。他们上车后，用不了多久，就能掌握乔治现在所知道的东西。能量巴士一定会让你体验到人生的乐趣。

——《能量巴士》

伟大的学校不是独自创建的。它需要一个团队来建立一种伟大的文化，朝着一个愿景工作，为使命而活。它要求学校里的每个人都能以积极和目标为动力，转变消极情绪。当我们在设想学校的每个人都能搭乘这趟“能量巴士”的时候，我们也意识到学校成功的关键在于每个人都清楚地知道自己也可以是这趟校车的驾驶员。每个教职工作人员和学生都必须掌握方向盘，尽己之力，推动巴士前进。把你们的学校想象成一辆朝着共同方向行驶的巴士，全力以赴地朝着积极的未来前进吧！

衡量员工敬业度和团结度

创建巴士车队的关键在于参与和团结。那么，你如何知道你和你的教职员工在正确的道路上呢？你怎么知道他们是否兴奋、团结、投入？仅仅完成一项图书研究或参加“学校能量巴士项目”不足以衡量教职员工的敬业度。它们当然都是朝着正确方向前进的工具，但员工的敬业度必须是明显可见的。它必须被看到，被听到，被感觉到。罗斯福小学的希瑟·德波尔每天都要在学校里检查教职员工的情况。她利用小组会议讨论文化、课程、学生问题，也会与教职员工一同庆祝当天的成功。希瑟想成为校园里积极的存在，促进健康而开放的对话。通过每天与教职员工联系，她不必等到开员工会议时才收集到问题和解决问题。她每天都会收到实时反馈。

简单地四处走走，亲临现场考核是评估员工敬业度和企业文化的有效方法。我们从与校长和学校董事会成员参观校园并与学生和学校领导交谈的报道中深受启发。那些为学生和校园做出重大决策的人需要亲自体验和感受校园文化。有些学校决定对信息和数据进行更正式的收集。灵湖小学就是其中之一。他们创建了一个匿名的在线表格，用李克特量表和开放式回答来询问有关学校文化和氛围的问题。李克特量表的回答可以衡量一种态度的强度/程度，如“非常同意”“不同意”“同意”等。灵湖小学收到这些答复后，以积极支持的方式在教职工会议上公布了结果。

南希·克里纳是“学校能量巴士项目”的负责人之一，她承认有些结果很难分享和听取。不过，他们发现自己以前并没有意识到一些问题，现在可以努力制定解决方案了。南希建议，学校领导应征求各方意见，因为这将有助于人们感到被倾听和被重视。现在，灵湖小学在维护一个积极向上的环境方面更加齐心协力。

当人们感到自己被看到、被听到，并有机会发表意见时，他们就会更愿意参与其中。学校领导可以通过发布参与度调查和问卷，收集想法、意见和反馈，并加以改进。与所有数据一样，它的好坏取决于你愿意用它来做什么。如果允许教职员工坦诚相待，学校领导也能坦诚面对自己，并利用反馈意见改进工作，那么学校就会成为一个车队，共同进步。

这是一个持续的过程，不断精进将成为你的学校文化的一部分。

检验文化建设的有效性

如何知道文化建设计划是否有效？问一问学生。文化就是让每个人都坐上车，而我们的学生是这个过程的重要组成部分。我们可以为他们提高标准，看着他们达到标准。学生的智慧是不可或缺的，因为他们经常能看到别人遗漏的事项，在创建巴士车队的过程中，听取他们的意见是大有助益的。

以下是来自全美各地不同能量巴士学校的学生的一些回应。我们要求学校领导让学生们反思他们学校的文化、“能量巴士”原则和校园氛围。以下是他们的一些匿名回复：

1.“能量巴士”向学生们展示消极会对每个人产生负面影响，从而转变了我们的学校和文化，使我们每个人都向着积极方面发展。

2.“能量巴士”向我们展示了所有教职员工应该如何与彼此沟通，以及每个人对他人说话将会产生的影响，从而影响了学校文化。

3.“能量巴士”帮助我学会避免让消极人士进入我的生活，去我心向往之的地方，而不是简单地追随别人。

4.“能量巴士”教会了我们每个人要承担责任，以及如何控制自己的生活和情绪。

5. 我认为“能量巴士”帮助大家意识到他们应该更积极，并尝试为他人提供更多的帮助。

6.“能量巴士”告诉我们，保持积极不仅能让你感觉更好，还能影响你周围的人。

7.“能量巴士”通过教会我们如何控制自己的行为和生活，帮助我们的校园保持积极的态度；这有助于我们对自己负责。

8. 我总是试着保持积极的态度，在别人需要的时候帮助他们。

9. 我把“能量巴士”规则应用到我的生活中，保持积极，不让消极人士上我的巴士。

10. 我使用“能量巴士”规则是因为我回想起来，如果我保持积极，我就能通过提高积极度影响他人。

11. 我保持乐观，走自己的路。

12.“无能量消耗者”原则真的适用于我的生活，远离负能量满满的人，选择更好的人留在我的生活中。

很明显，这些回答显示出学生之间的联系和投入。当学校将宝贵的资源和时间投入到文化和人际关系上时，他们会看到结果，当他们要求并收到反馈时，他们会取得更大的进步。学校领导通过小组会议、调查问卷和一对一的方式收集了上述一些回答。从来没有一所“学校能量巴士项目”的学校来找我们说，“它不起作用”。如果你启动它，驱动它，并帮助别人掌控它，伟大的事情就会发生。

家庭是车队的一部分

想象一下，如果你对学校的100名家长进行调查，问他们，你对哪些品牌、企业或组织有情感依恋？有多少人会说是他们孩子上的学校？有多少教职工会说是他们工作的学校？我们对球队、产品、服装和名人都有情感依恋，但对我们来说最个人化的东西呢？我们的社区和学校非常重要。消费者研究协会的一项研究显示，依附于某个品牌的消费者表示对该品牌有好感，对其充满热情，并与之联系在一起。他们对该品牌表现出强烈的忠诚度，通常也会为品牌支付溢价。

我们可能不会把父母看作消费者，但现在教育系统中有很多选择。父母可以把孩子送到公立、特许、私立、宗教、体育、线上、中等职业技术和其他类型的学校接受K–12教育。家庭教育也是一个值得关注的重要选择。美国国家家庭教育研究所揭示了，截至2022年，美国有近313.5万名K–12学龄学生在家上学。许多学区甚至设立了择校制度，家长可以为孩子选择就读的学校。

学校必须在文化、领导力、沟通和关系方面不断努力，不仅要吸引最好的教师，还要吸引最好的学生、家长和家庭。家长和家庭是学校文化的一部分，你要邀请他们同你一起成为校车巴士的“驾驶员”。高参与度的家长将加入董事会、做志愿者、筹集资金、管理家长教师协会，为学校的发展和成长带来极大的帮助。

建立联系

本书中分享的许多实例都揭示了一个蓝图，即每个人如何建立与学校和彼此间的联系，包括学校领导与教职员工之间建立联系、教职员工之间建立联系，以及学生之间建立联系。建立联系的学校会与家长建立联系，邀请他们参与学校文化和发展过程。大家共同创造了一个充满活力、欣欣向荣的学校社区。

家长们参观校园、志愿参加活动、领导许多活动，这些都能创造参与、认同和团结的氛围。他们看到了学校，感受到了学校，当下也会觉得自己是学校的一部分。他们投入其中，因为他们将自己视为解决方案的一部分。这增强了集体信念。学生还应该为自己所处的环境感到自豪。校园精神日、体育赛事和课外活动都应得到鼓励。仅有学业还不足以让学生产生强烈的学校自豪感和情感联系。与学校的紧密联系可以激励学生取得成功，这不仅是为了他们自己，也是为了学校社区。

拭目以待

恭喜你创建了一个巴士车队！那接下来要做什么？许多学校都会在某一时刻意识到已经发生了积极的转变。然而，正如南康威小学的利昂·海斯所说，这并不是故事的结束。教师、员工和学生需要不断成为领导者和学习者。持续的培训和战略性的专业发展是保持成长和永不放弃的必要条件。

罗斯福小学认为，即使在建立了积极的文化之后，仍然需要持续不断的积极感染力。 这需要时间、精力和专注，但如果放松了这一努力，积极性就会减弱。一旦形成了集体积极性，每个教职员工和学生都必须不断寻找成长的途径，并与他人分享积极性。如果每个人都将自己视为解决方案和成功的一部分，他们就会不断推动这辆巴士前进。环境可能会改变，世界可能会改变，但愿景、使命和积极性永远不会改变。

当积极和信念成为常态时，一切都会变得更好。我们的车队将肩负使命：以不断学习、成长和进步为目标，成为一股不可阻挡的力量。接下来要做的非常简单：以成长型思维不断学习。教职员工需要集体决定他们要花多少精力学习新的课堂和教学策略、团队建设活动和关系发展。在学校或教育界工作了30年的教职员工并不排斥学习新的东西。在学校培训和研讨会中，我们的一些最佳听众是那些在该领域经验丰富的行家。他们希望不断学习，不断成长，从而在全年的工作中发挥出最佳水平。这也是向新员工传授知识的重要途径。无论你作为教育工作者的经验如何，也无论你作为学校管理者的实践如何，成长型思维都是至关重要的。

科莱维尔中学的故事

得克萨斯州达拉斯市的科莱维尔中学几乎获得了一所学校能获得的所有荣誉。他们的校长大卫·阿伦奇比亚博士（Dr. David Arencibia）获得了得克萨斯州年度最佳中学校长称号，并入围了全美年度最佳校长的前三名。全美家长教师协会认为科莱维尔中学是一所A级卓越学校。听说阿伦奇比亚博士在校园里使用“积极团队的力量”和“能量巴士”来帮助推动学校文化，这完全在情理之中，因为他们还是“能量巴士认证学校”。尽管取得了成功，但他们仍然相信自己可以做得更好，并一直在寻找实现这一目标的方法。我们很荣幸能成为他们未来发展的一部分。他们知道，旅程刚刚开始，因为保持巅峰比到达顶峰更难。如果你的学校或学区正在高歌猛进，现在可能是在创建校园文化方面投入的最佳时机。

在本书的开头，我们讨论了核心价值观的重要性，以及它们对建立积极的学校文化的意义。科莱维尔中学的使命是做到最好，共同建设一所优秀的学校。他们认为自己的核心价值观是积极、优势、团队和成长型思维。阿伦奇比亚博士对此非常清楚，并在所有会议和交流中加强了这一点。通过了解和强化这些价值观，他们正在组建一支巴士司机队伍，他们相互督促，共同肩负使命。有了清晰的愿景，他们创造了有效的系统来支持他们的积极文化。其中一个系统是招聘流程。他们改进了面试流程，提出了具体的问题，并寻找能够以积极和吸引人的方式为任务做出积极贡献的新员工。

定义他们学校文化的另一个体系是始终如一的反思和合作实践。当需要作出决定时，要考虑教职工的意见。科莱维尔中学的合作文化是关于他们希望看到的行为和实践的期望。他们的学校领导努力清楚地传达他们的期望和动力。作为学校领导，他们每周例会的一部分是反思哪些实践是有效的，哪些是不奏效的，哪些是可以改进的。这些反思的做法使他们能够适应全年不可避免发生的教职员工和环境变化。

科莱维尔中学显然有一个积极、参与和合作的学校文化。他们的校长明确表示，他们还没有完成，并且希望专注于持续改进。即使他们已经掌握了本书中的许多主要理念，他们仍然有很大的动力去做得更好。他们不想停留在过去的成功上。他们知道，如果把目光从“做到最好”的目标上移开，消极和冷漠就会开始出现。他们不想坐等成功的到来，而是希望通过自己的努力，让成功成为必然。

阿伦西比亚博士告诉我们一句很关键的话，“当你走进教学楼，与教职员工和学生交流时，你能真切地感受到积极的校园环境”。这种易察觉到的感觉是每个人为营造校园文化所做贡献的结果。如果你想在科莱维尔中学工作，那么你就必须为积极的校园文化做出贡献，并将自己视为成功的一部分。他们提供烧烤午餐、饮品车、读书会、感谢卡和教师休息室点心等有趣的活动，以此作为增强你进入校园时的“积极感觉”这一更大战略的一部分。在校园文化的重点方面，“能量巴士”为他们提供了真正的灵感来源。他们都驾驶着自己的车队，推动“能量巴士”的前进！

最好的即将到来

本书作者序部分主要讲述了我们两位作者会面并启动“能量巴士”的故事。我们知道打造校园文化需要努力，书籍、项目和演讲者可以帮助学校发展。我们“能量巴士”的学校使命是“培养积极的学校领导者和教育工作者，他们积极地影响学生，创造一个更积极的世界”。我们每天都在努力实现这一使命。

教育工作者正处在现代历史上最具挑战性的时代。有时候，很难相信最好的即将到来。在校园里，当消极情绪和挑战总是向你袭来时，要保持积极的态度可能会更加困难。我们很容易对教育系统的某些方面横加指责，但学生们每天还是会来到校园。他们的笑容、笑声和活力将充满整个走廊和教室。他们会向教师和行政管理人员请教如何行动，如何应对这个世界上的逆境。教育工作者每天都有机会接触这些学生，请确保他们感受到关爱、支持、鼓舞和激励。这并非易事，但刚刚入行的人可能会认为这很容易。如果你读到这里就会感觉到自己被这个行业所召唤。你注定要在这一行工作。你注定要产生影响。你的信念、积极性和目标必须比任何消极因素或挑战都强大。你无法控制你所在的地方发生的所有事情，比如预算、政治和时事，但你可以控制自己每天在教学楼和教室里所做的事情。请务必保持积极的态度，继续有所作为！

我们的学生和社区需要我们的学校成为目的地，成为人们愿意工作和学生愿意就读的地方。“最好的还在后头”这句话意味着我们永远不会停止改进的脚步。因此，请跳上这趟“能量巴士”，开启你的旅程，让我们在共同创建卓越学校的同时，享受人生的旅程。

致 谢

首先，我要感谢我的妻子斯蒂芬妮，感谢她在写作过程中给予我的无尽鼓励和支持。我希望这本书能成为我的孩子们追求梦想的一盏明灯，并对我们的世界产生积极的影响。感谢我在佛罗里达州棕榈港长大的学校（萨瑟兰小学、棕榈港中学和棕榈港大学高中），你们给了我不可思议的学生经历。我之所以能成为今天的演讲人，是因为有卓越的学校和优秀的教师。感谢乔恩·戈登让我有机会成为这本书的合著者，并成为“学校能量巴士项目”的主席。从实习生到主席，这是一段奇妙的旅程，我很感激大家从2006年认识以来一直给予我的支持、指导和友谊。我知道我们与这本书的合作将影响许多教育工作者。说到教育工作者，你们要知道我们深爱着并且十分欣赏你们。乔恩·戈登和我深深地爱着我们的教育工作者，我们会尽一切努力支持你们。感谢你们为教育事业做出的贡献。

——吉姆·范·艾伦博士

我要感谢吉姆·范·艾伦的辛勤工作和奉献精神，帮助学校领导和教育工作者发挥他们的潜力。我要感谢他从大学生时代起就致力于“能量巴士”原则和信息的推广与传播。看到他成为领导者和改变者，非常鼓舞人心。

我还要感谢所有接受“能量巴士”并利用它来帮助学生和学校改进的教育工作者。多年来，我一直喜欢看着你们发光，看着你们分享你们的耕耘成果。你们是我的英雄！

——乔恩·戈登

关于作者

乔恩·戈登：激励了全世界各地数百万的读者。著有《能量巴士》《积极领导的力量》《积极团队的力量》等15本畅销书。他热衷于培养积极的领导者、组织和团队。

吉姆·范·艾伦：“学校能量巴士项目”的主席，该项目为学校提供创造积极学校文化的蓝图和框架。他在心态、团队合作、沟通和文化建设方面指导学校领导和管理者。吉姆还是佛罗里达州凯泽大学的传播学教授和首席演讲讲师，他通过主题演讲、培训、研讨会和学生集会向全美各地的学校和地区发表演讲。

教师的情绪管理与压力管理

教师全年心理调适指南
养成12个关键习惯与性格特质

ISBN 978-7-5153-7823-7
定价：69.90 元
[美] 埃琳娜·阿吉拉尔　著

新时代教师，培养重塑情绪弹性、重燃教学热情的能力至关重要

★ 学界力荐

- 温迪·科普　　美国教育先锋、世界教育创新峰会教育奖得主
- 帕克·帕尔默　《教学勇气》作者
- 席琳·考金斯　哈佛大学教育研究生院客座教授

我们是谁？我们在哪里？我们做什么？我们如何存在？
成为一位善于管理情绪和压力的教师，改变课堂，影响世界

本书直面教育工作者的压力和消极情绪，为其指明了一条重塑情绪弹性的专业成长路径，循序渐进地帮助他们转变思维模式，通过身体、心理和情感上的自我照顾恢复情绪弹性，重新找回自我、活力以及对教学的热情。

为什么学生不喜欢上学？

认知心理学家解开大脑学习的运作结构，如何更有效地学习与思考

- 比尔·盖茨推荐
- 入选得到听书“镇馆之宝”
- 入选中国教育报“影响教师的100本好书
- “豆瓣热门教育学图书No.1”

中国教育学会副会长李希贵特别推荐

新教育实验发起人朱永新作序推荐

ISBN：978-7-5153-6708-8
定价：59.90元

★ ★ ★

如何让孩子喜欢上学

芬兰教育少教多学的33个策略

芬兰教育为何如此恰到好处？
用更少作业、更短学时，
培养更快乐、更优秀的学生。

芬兰教育改革家 帕西·萨尔伯格

差异化教学研究代表人物 卡罗尔·安·汤姆林森

哈佛大学教育创新先锋 托尼·瓦格纳

联袂推荐

ISBN：978-7-5153-7824-4
定价：49.90元

让学生的进步看得见

马扎诺团队作品相关推荐阅读

《能力导向型教学法》

《数据驱动式教学》

《如何成为一名反思型教师》

《卓有成效的课堂管理》

《设计有效的教学评价与
评分系统》

《课堂上的提问逻辑》

《如何促进教师发展与评价》

《高度参与的课堂》

《目标教学法》

《专业学习共同体》

《基于课堂中精准理解的
教学设计》

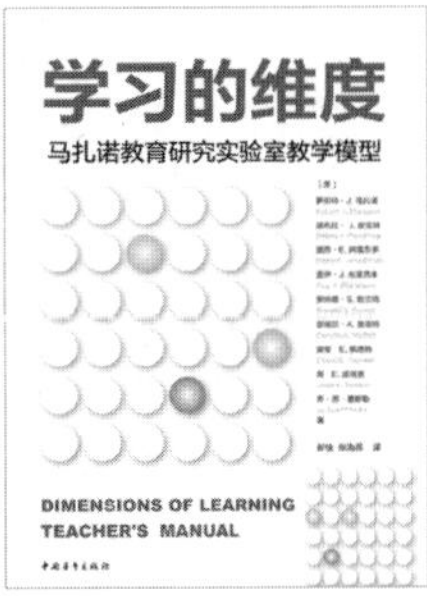

《学习的维度》